我们所触碰的一切

我 们 的 2 4 小 时 生 活 清 单

EVERY THING WE TOUCH

A 24-HOUR INVENTORY OF OUR LIVES

[阿根廷] 保拉·祖科蒂 著

杨泱 译

献给罗拉和桑托，感谢你们为这个项目投入的所有精力和热情，感谢你们借给我你俩美丽的双眼和心灵，使我得以从你们全新的视角来审视这个世界。

假如物件会说话

设想，从你一觉醒来到晚上入睡，你所触碰的一切都会被记录下来。再设想，如果将这些物件摆放在一起拍一张照片，那么有关你和你的这一天，从这张照片里会透露些什么呢？当陌生人看到这些按时间顺序摆放的物件，会对你的生活猜出个大概吗？他们会猜到些什么？又会遗漏些什么？

从家到工作场所，再到日常所使用的配件，我们被那些自以为对生存至关重要的物件包围着。而这些需求庞大而纷繁——有的是生存所需，有的是装点门面，有的用来补偿，有的用来呵护，有的体现情感维系，有的体现自我表达。

本书记录了 62 个人在一天之内所触碰的物件。书中出现的人物来自六大洲，年龄跨越 70 个年头（四代人）。之所以会选择这些人，一是出于我自身的好奇，二是出于再现各类人经历的渴望。我也想将一些家人和朋友纳入其中，因为我十分想知道他们的一天能透露些什么信息。

人们所触碰的物件依靠自身因素上升到故事作者的地位，为我们讲述他们的工作、兴趣、度过这一天的寄托、信仰、恐惧，以及所关心和所要学习的内容。这些照片在视觉上有极强的冲击力，无论是人为策划的，还是浑然天成的，都展现了每个人独一无二的行事风格和色彩组合，它们共同构成了一粒 2015 年"时间胶囊"。

考虑到这些照片在未来也可用作考古研究，我有一种冲动去记录下人们当下与物件的互动，因为我们对过往文明的许多了解都是从物件中受到启发的。人们的财产、工具、器皿、衣物、手稿和艺术品告诉我们他们所从事的工作，还有捕猎、种植和食品，以及如何表达自身。我们使用的物件也将会起到同样作用吗？

在过去的十五年间，我周游世界，涉猎过 100 个人种学和趋势绘图项目。这些项目研究人与物件之间的关系——那些被使用的物件和一些甚至还不为人所知的物件。作为一个工业设计师、人种学者和预言家，我所擅长的是预见人类将会置身的情景以及他们将会使用和需要的物件。

在 TheOverworld，我的研究、设计和制造公司都致力于此类项目的运营，同时也支持一些自创项目，比如写本书之类的。在我创立自己的公司之前，我是西摩鲍威尔公司的未来部总监和研发部主任，那是一家有关产品设计和创新的顾问公司。

技术对我们生活的方方面面都来带了影响，我们的行为也随之改变，而我也有幸追随这些变化。TheOverworld 的客户已不再要求我们对个别产品做研究；而我们也不再研究人们如何看电视，取而代之的是研究"娱乐的未来"（我们甚至曾研究过"搜索的未来"）。从对物件本身的专注转向对需求的专注，使我们看到一些产品是多么容易过时。有了智能手机、平板电脑和手提电脑，我们就可以不再必须使用一大批物件，例如立体声音响、DVD 播放机、书、地图、照相机、计算器、日记本、日历、闹钟、收音机、手电筒和现金。

这种替代也侵蚀了行为和物件间的联系，影响了我们理解事物的方式。假如我们看到一个人拿着书，就知道他在阅读。但如果某个人拿着一台平板电脑，他可能在看电影，可能在预订酒店、机票，也有可能在购物或是录像。技术正越发嵌入我们的生活，这让我们的行为变得越来越隐蔽。它改变了我们外在接触物件的方式，有时使我们接触物件的频率大大减少，有时给我们新的物件，供我们摆弄。

在这些急速的变化中，2015 年似乎正是时候用镜头如实地捕捉我们所触碰的物件——捕捉它们作为人们个性、偏好和情感叙述者的角色。

《我们所触碰的一切》一书的设计和基本准则十分简单。我去接触一些人，让他们将一天内所选择触碰的所有物件记录下来。这些物件不包括诸如门把手、水龙头和电灯开关之类的永久性物件和像汽车之类的大型物件。并且即使有的物件在一天之内被触碰了许多次（例如手机），它们也只会被记录一次。我请人们将触碰过的任何火车票、收据或报纸都保存下来，而水果之类容易腐烂的物品则会在拍摄时用同一种物品替代，交易用的金钱也会用替代品来表示。

在拍摄时，每个人都边向我讲述他们的一天，边递交这一天中所触碰过的物件。诚信是这一简短陈述的基石，而参与意味着将自己触碰过的所有物件都和盘托出。

我每到一个城市都会租用一处工作室。拍摄这些照片需要恰到好处的室内光线和白色背景纸，背景纸用来按时间顺序（即物件被触碰的先后顺序）陈列物件。我总使用长 4 米、宽 2.7 米的帆布；每张照片都是我用佳能 6D 相机的单拍（而非使用图像处理软件的合成图）。我把相机挂在离帆布 3 米高的地方，并用苹果手机控制相机，这样我就可以远距离观看照片、更换背景并且拍摄。物件越多，拍摄的照片就显得越紧凑。

每张照片在一开始都单独出现，没有附加信息，这样就能去推测这个人的一天。随后再翻过一页去发现更多，比如他们的年龄、性别、住所、职业、兴趣、长相……一些照片可能很容易被"解码"，而有些照片能向你更为细致地展现人们的一天，你可以想象人们使用照片中物件的时间和场所，推测他们是否跟同伴在一起，甚至剖析他们的感受。

我避免给不同的人群不同的份额，因为不同年龄和背景的人会有相同的地方。就我个人而言，我和东京的一些人穿着类似；与洛杉矶的一些人有相同的音乐品味；和上海的一些人有同样的灵感源泉。我之所以将自己的公司命名为"TheOverworld"，是因为其含义是将个体在特定时间按照其使用的镜头统一起来的通信线。

所以，当你看到这些相片时，应该问自己问题，发现规律，找出新的联系，突破人们的年龄、工作和地理位置去思考。一位初为人母的伦敦女子和一名布宜诺斯艾利斯的退休员工有哪些相似的地方？哪些物件更能体现人们的情感诉求，而非仅仅是派上某个用场？哪些物件是有价值的？按主题排序，哪些特征能支持你的分类（格式、颜色、材料、品牌）？哪些物件是你能看见而别人不能看到的……

你从一张照片中看出的名堂会是你自己的发现。请注意：这可不仅仅是洞察个别物件，而是去了解一个物件在一天中扮演的角色及它和其他物件之间的联系。出现在清晨的一杯咖啡同午夜摆放在一堆文案旁的咖啡可有着不同的内涵；厨房里的一个搅拌机可能意味着使用者正在烘焙，但搅拌机旁的颜料壶则表明这是艺术家为了获得理想的混合色所采用的一种全新方式。不是每个物件都仅有它表面的功用。

记录你的一天能使你变得警觉，留意你所触碰的物件能使你从中对自己有更多了解，本书中介绍的许多人物都对此表示肯定。我们普遍都太忙了，以至于无法停下反省自我：我们清晨触碰的第一个物件、我们一天中所吃的食物、我们置身于所喜爱的书本中和为自己的孩子煮饭时是多么愉快。许多设备的发明都是为了帮助我们回忆一天中所做的事情——消耗的卡路里、走的步数、压力程度——但答案早已在我们眼前。

我们能从物件中看到自身。拍摄时，人们可以回想过往，甚至憧憬未来："五年后我不想再看到香烟。""我将不得不割舍我那些可爱的玩具。""我想在两年后看到婴儿用品。"

每个人每天所触碰的物件数量平均约为 140 个，虽然数量是个武断的判断标准。一些人会觉得他们触碰了很多物件，而另一些人会说他们触碰物件的数量还不够。二十来岁的人想要"更好的"物件，而三十岁及以上的人希望自己的所属物品少些。

想象十年后我们再次运营这个项目。那时，会有哪些新的物件？哪些现有的物件又会消失？

当我们想从这些照片中推断未来的物件时，可以聚焦到我们所使用的高新技术产品。而这些正是生命周期最短的物件，它们很快会过时。相对而言，杯子、餐具、抹布和梳子大体上不会改变（美学价值除外）。但假如技术最终也会影响到这些物件，比如使它们更智能，成为更为广阔的网络的一部分，那我们与它们的接触就会改变，也会产生新的期望。更有趣的是，何种崭新的产品能横空问世呢？我们需要什么？我们如何做事？我们将学会何种新的技能？我们如何展现自我身份？

无论我们年龄多大、来自何方，触碰物件都是认知世界最为重要的方式之一。依靠审视一天中触碰的每一个物件，希望能对我们的自我有一些新的认识。

保拉·祖科蒂

2015 年 6 月

伦敦

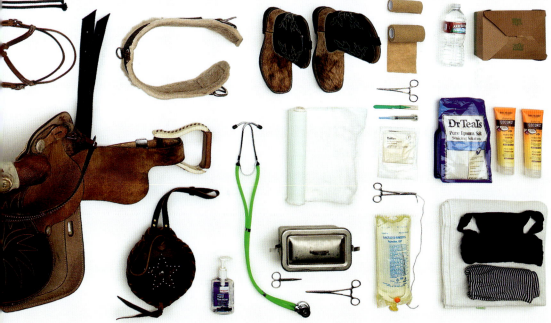

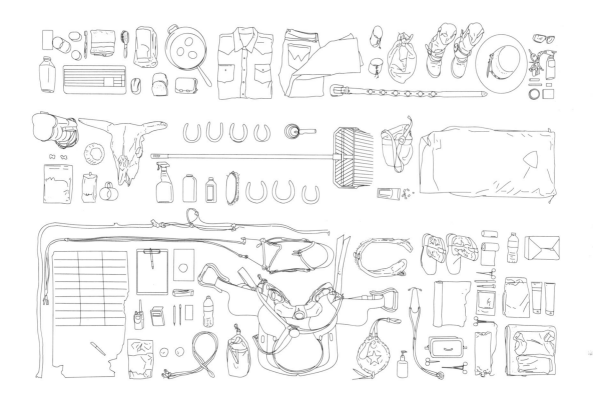

阿德里亚娜·斯提内特在 2015 年 4 月的一个周四所触碰过的物件

第一排: 三星智能手机；船屋农场胡萝卜橙汁；玻璃杯；天然燕麦皂；椰油小苏打牙膏（阿德里亚娜亲手制造）；牙刷；毛巾；梳子；罗技牌键盘及鼠标；一条白面包；几片烤面包片（×2）；平底锅和鸡蛋（×3）；一盒鸡蛋；罗珀格子衬衫；威格牛仔裤；皮革腕轮；丝围巾；带马刺的牛仔靴；钉皮带；带羽饰的帽子；太阳眼镜；带吊坠的车、房间钥匙；护唇膏；眼线笔；胭脂；SPF30 防晒霜；箭牌绿箭口香糖和包装

第二排: 咖啡壶；狗饼干（×2）；希尔处方减肥狗粮；一摞咖啡滤纸；狮王全豆咖啡；马克杯；公牛颅骨；旧的马蹄铁（×4）；林肯正反两用马梳；干草叉；箭头马用柔顺剂；登顿医生玉米淀粉婴儿爽身粉；塔吉特金缕梅酊剂；刷子；新的马蹄铁（×3）；马饲料袋；装有几块苜蓿草粉的塑料量器；FSI 优质苜蓿干草粉

第三排: 马笼头和引索；马笼头；骑行记录板和可擦拭马克笔；夹纸垫板、条款表和圆珠笔；米德兰 GTX1000 双向对讲机；鳍牌计算器；快餐工厂椒盐卷饼薯条；萨瓜罗湖马场信息单和卵石；订书钉；圆珠笔（×2）；信用卡交易单据；萨摩蜜橘（×2）；缰绳；箭头牌山泉水；马鞍；用夹子夹住的瓶托；肚袋罩；皮水囊；沃尔格林洗手液；海昂海德牛仔靴；听诊器；卷筒白纱绷带；金属工具箱；手术器材（×4）；卷筒棕纱绷带（×2）；手术刀；注射器；维骨力敷药；乳酸林格氏液注射剂 USP 软包装袋；箭头牌山泉水；蒂尔医生纯艾普森盐；全食牌沙拉；马克安东尼椰油洗发水及护发素；浴巾，其上放有背心上衣和睡裤

阿德里亚娜

48 岁 ｜ 马场主、马医 ｜ 凤凰镇

> "我们收藏了
> 一批公牛颅骨，
> 那些公牛
> 是我丈夫
> 曾经骑过的。"

阿德里亚娜每天清晨做的第一件事是打开电脑，她并非查阅邮件，而是开启音乐。接着触碰的是一件格子衬衫、威格喇叭牛仔裤、皮革腕轮、围巾、钉皮带、女牛仔靴和帽子。她总是迫不得已匆忙地离开屋子，因此只能在有限的时间内简单地打扮自己。

阿德里亚娜驱车前往萨瓜罗湖马场。马场位于亚利桑那州偏远的郊区，由她和丈夫罗恩共同经营。"我会在马场边喂狗边喝第一杯咖啡。"罗恩以前是个骑牛士。"事实上，我们收藏了一批公牛颅骨，那些公牛是我丈夫曾经骑过的。"阿德里亚娜说，并递给我一块颅骨。"当心摔坏，否则我会有麻烦的。还有，你要小心点儿，蝎子喜欢躲在这些颅骨里。"

阿德里亚娜是个马医，一个曾经给马看病的兽医。但她照料自己的马匹可比当一个兽医劳神多了。她要给它们梳理毛发，喂养它们，还要给它们换马蹄铁。

随后，她坐在门廊上迎接骑手们。这时，她需要一块垫板、一些条款表格、一个用来计算报酬的计算器、一个联系其他牛仔的双向对讲机和一块压纸的石头。"亚利桑那的大风天是很劲道的。"她通常负责稍晚的骑行和照料受伤的马（马匹常常会因为扎到仙人掌而受伤）。回家的路上，阿德里亚娜会在全食买一份沙拉，随后在浴缸里舒舒服服地泡一个澡，以此来结束一天的生活。

引人注目的物件
手工牙膏：阿德里亚娜越来越偏爱全天然产品，她用椰油、小苏打和精油自己制作牙膏。

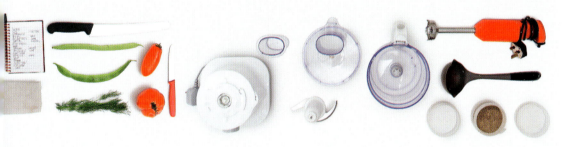

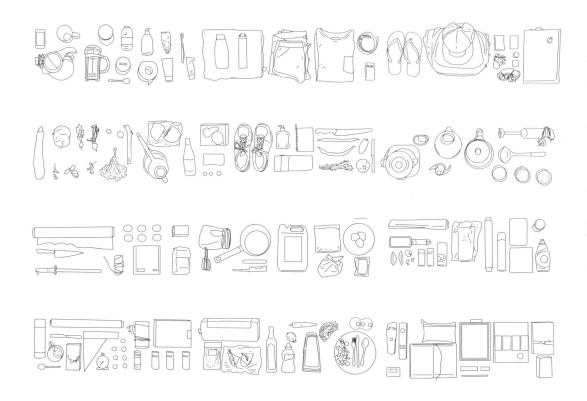

亚历克斯·墨图尔于 2014 年 7 月 14 日（周一）所触碰过的物件

第一排： 配有手机壳的 iPhone4 手机和充电器；飞利浦水壶；马克杯；派莱克斯咖啡壶；意利咖啡；塞恩斯伯里牛奶；白糖罐和勺子；柏利斯＆哈丁洗手液；厕纸；美体小铺大麻纤维护手霜；清妍洁面乳；牙刷和高露洁牙膏；博姿润肤液；休尔除臭剂；毛巾；条纹内裤；H＆M 黑色裤子和 T 恤衫；腰带；雨果·博斯刮胡水；哈瓦那人字拖；耐克制服帽；里普柯尔旅行包；钱包；牡蛎卡；钥匙；小蜜缇润唇膏；苹果音乐播放器；苹果头戴式耳机；乐购环保购物袋

第二排： 从小块菜地新近采摘的西葫芦、球茎甘蓝、百里香、罗勒、薄荷叶、萝卜、甜菜、开心梅、莴苣、油桃和大黄茎；喷壶；放在锡纸上的培根鸡蛋三明治；圣培露汽水；可爱多冰激凌包；7.50 英镑现金；耐克合脚型运动鞋；康卫士洗手液；宜家茶巾；笔记本和钢笔；刀；红花菜豆和土茴香；番茄；建伍食物处理器和配件；波顿小酒馆搅拌棒；汤勺；带盖的盐罐和胡椒罐

第三排： 棉布卷；刀和磨具；烹饪用线；鸡蛋（×6）；索尔特电子秤；金凯利黄油；塔特＆莱尔幼糖粉；建伍电动手工搅拌器；特福深煮锅；厨房用温度计；蛐蛐汽油单击打火机；沙逊麦芽醋；冻干樱桃粉；角豆粉；盛有甜菜的盘子；塔斯特甜菜粉；万兹沃斯理事会环保袋；微面锉刀；月桂叶（×2）；大蒜；莫里森八角茴香；塞恩斯伯里洋葱颗粒；红牌海盐；真空包装五花肉；专业保鲜膜卷；能多洁苍蝇胡蜂杀手；塑料容器；清洁布；空罐头；仙子洗涤液

第四排： 一喷牌炊事用油；烘烤纸；刮刀；装有速溶咖啡和勺子的马克杯；塔特＆莱尔糖粉；一次性挤花袋；炉温计；小型蛋白酥；特福香料咖啡研磨机；施瓦兹丁香粒；塞恩斯伯里芥末籽、肉豆蔻和黑胡椒粒；安德鲁·詹姆斯真空封口机和配件；芳香黑种草籽；羊排；迷迭香；莫里森橄榄油；法式芥末；洋葱；胡萝卜；锉刀；红环甘蓝；装有豆瓣菜叶、叉子、刀和勺子的餐盘；摩洛哥盐和胡椒罐；天空遥控器；松下电视遥控器；腌叉餐馆名片；铅笔袋；日记本；露西·哈尔索尔所著的《循序渐进学种菜》；荧光笔；橡皮；铅笔；理查德·贝蒂奈特所著的《生面团：简明现代面包教程》；约翰·格里沙姆所著的《锡卡莫尔街》；川宁伯爵灰茶

亚历克斯

26 岁｜厨师长｜伦敦

"假如我睡前
泡一杯茶，
翻开一本书，
而不是一头
栽在床上睡觉，
你就能判断我
今天过得
很愉快。"

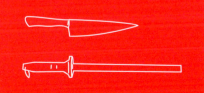

亚历克斯承办餐饮活动，经营餐厅。我采访他的那天，他正着手为当晚在阿斯顿 & 玛吉尔咖啡店举行的 12 人派对准备食材。他当时在做的菜肴包括番茄鳕鱼、番茄酒、樱桃烤五花肉、甜菜角豆冻糕和蛋白酥。

亚历克斯从他厄瑞斯菲尔德的家出发，搭上 156 路公交车，揣着出行必备物件——钱包、牡蛎卡、钥匙、小蜜缇润唇膏、苹果音乐播放器和头戴式耳机——以及他的天然环保袋，前往他在附近温布尔顿的小块农田去采摘蔬果。

亚历克斯来自澳大利亚的阿德莱德，他十分自信，觉得一个人要能在伦敦的食品业获得成功，他就能在任何地方获得成功。"伦敦有如此之多的机遇，你只需要尽全力工作，抓住尽可能多的机遇。"

"我烹饪时，喜欢全神贯注，将所有注意力集中到食物上，做出能让每个人都会喜爱和记住的菜肴。只有在清理厨房时，我才能听到收音机里在播些什么。"他解释道。亚历克斯喜爱他的工作，希望未来他有更先进的设备和更强劲的团队。

引人注目的物件

刀："我一开始当厨师时它就在那里，我想，在最后一刻它依然会在那里。"

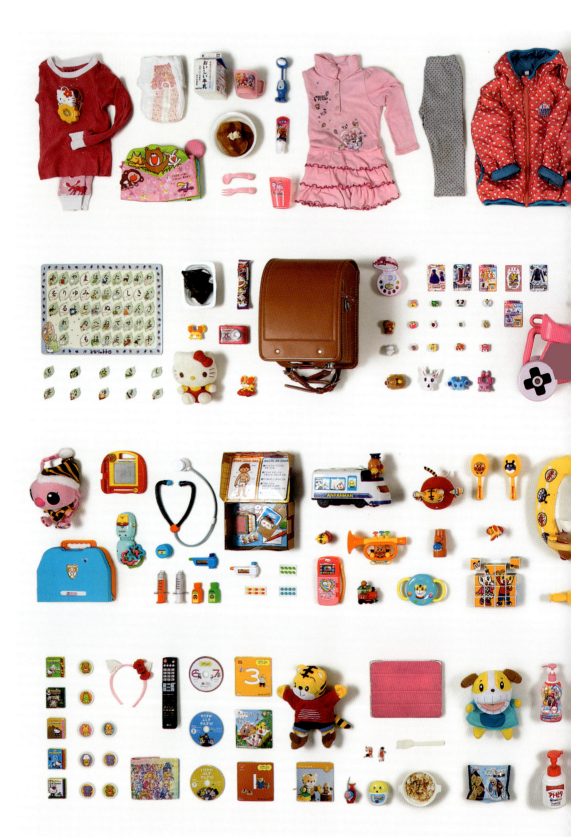

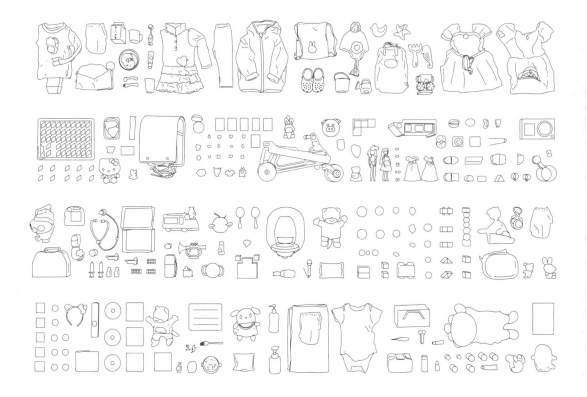

羽田杏奈于 2015 年 2 月 18 日（周三）所触碰过的物件

第一排： 放有凯蒂猫音乐玩具的一号懒人睡衣；尿布；布书；明治牛奶盒；光之美少女马克杯；盛有烙饼和黄油的碗；勺和叉子；哆啦 A 梦牙刷；狮王牙膏；杯子；适中钢琴连衣裙；紧身裤；外套；米菲兔包；仿卡骆驰鞋和袜子；毛线帽；米妮水桶；喷壶；各种形状的塑料模型（×4）和叉子；装有塑料模型的凯蒂猫网包；注水玩具；迪士尼冰雪奇缘安娜公主连衣裙；迪士尼小公主索菲亚连衣裙

第二排： 龙猫平假名学习板；塑料盘和饭团（×2）；各类塑料小人（×2）；凯蒂猫玩偶；美味棒小吃条；玩具照相机；日式小学生书包；游戏机；塑胶人（×18）；卡片（×6）；玩偶；自行车；玩具猪脸；玩偶之家家具（×3）；洋娃娃衣服；洋娃娃（×2）；玩偶之家厨房；玩偶配饰（×7）；洋娃娃衣服（×2）；布料食物（×6）；木玩具（×10）；调味汁；夹子；汽车仪表盘；马克杯（×2）；喷壶

第三排： 玩偶；医生手拎包；面包超人画板；手机；听筒；罐子；针筒（×2）；体温计（×2）；药瓶（×2）；医用箱和卡片；药丸盒（×3）；面包超人火车；巧虎塑胶人；计算器；面包超人喇叭；小型火车；巧虎玩偶；哆啦 A 梦塑胶人；巧虎乐器；面包超人和细菌小子砂槌；塑胶人；易智积木；面包超人和细菌小子幼儿便盆；拨浪鼓；话筒；巧虎玩偶；萨库熊猫巧克力豆沙威化饼；塑胶人（×13）；搭好和单块的积木（×26）；纸糊木偶；尿布换片包；音乐玩具；尿布；米老鼠和凯蒂猫布绒玩具（×2）

第四排： 凯蒂猫（×4）和森林家族（×1）图书；塑胶盘（×8）；凯蒂猫发箍；LG 遥控器；毛巾；巧虎 DVD（×3）和包装（×4）；巧虎玩偶；塑胶人（×3）；苹果平板电脑和保护套；叉子；米饭调味料；装有米饭和调味料的碗；巧虎手偶；迪士尼冰雪奇缘小吃；光之美少女洗发水；沐浴皂；毛巾和尿布；紧身衣；塑料洗漱用品盒；电子体温计；纸巾机；剪刀；医用润肤霜（×10）；眼药水；面包超人玩偶；米尼布绒玩具；原裕所著的《下定决心的利多，足球教父》；法兰绒分指手套

杏奈

2 岁 | 东京

"杏奈什么都碰！"

"杏奈什么都碰！"杏奈的父亲带着她和一面包车装满玩具的条板箱来到工作室时这么说。杏奈是他四个孩子中最小的一个。每天早上 10 点左右，杏奈和她的母亲会前往世田谷区的游乐场。

整理杏奈所触碰的一切要花上比常人更多的时间，因为许多她所触碰的物件都是不假思索地抓起的，这就使得剖析她的一天变得更难。

幼儿触碰物件时用意明显且一视同仁。杏奈在公园的沙坑里用水桶和铲子玩耍，随后玩她的洋娃娃。但是，纸盒牛奶、日式小学生书包和遥控器可不意味着杏奈自己做早餐、上学和打开电视机。杏奈触碰这些物件完全出于有趣和好奇，而非使用。她母亲得从她手中抢过牛奶，以防牛奶溢出。她玩弄姐姐书包上的搭扣，在看 DVD 时咬遥控器。

孩子们通常只看物件的表面。对杏奈而言，母亲替她更衣、铺床时她所玩儿的药用霜罐头和盖子同白天她触碰过的积木有着同样的价值。

引人注目的物件

面包超人：杏奈最喜爱的卡通人物，自 20 世纪 70 年代就根植于日本文化之中。

只能在室内骑的粉色自行车：在日本，室外穿的鞋子不能穿到室内。同样，在室外玩耍的带轮子的玩具也不能带进室内。

安娜－贝伦·邓禄普于 2014 年 7 月 15 日（周二）所触碰过的物件

第一排： 仙灵宝贝睡袋；亚当斯紧身衣；帮宝适纸尿裤和包装袋；塞恩斯伯里婴儿擦拭巾；扑热息痛鼻喷雾剂；孔费蒂套装；柏利斯＆哈丁洗手液；拉梅兹毛绒玩具；凯思·金德斯顿布；午茶时光马克杯；水壶；勺子；茶袋和储物罐；香蕉；纯果乐橙汁；玻璃杯；iPhone5 手机；婚礼邀请函；卡西欧手表；我个人的孩子健康记录本；长睡衣；热牛奶牌孕妇文胸；高露洁牙膏；欧乐－B 牙刷；牛仔裙；飒拉 T 恤衫；贝玲妃睫毛膏；芭比·布朗底霜；魅可唇膏；芭比·布朗笔刷；倩碧保湿乳液；戒指和首饰盒；亚历克斯·门罗羽毛吊坠项链

第二排： 哈瓦那人字拖；房间钥匙；小蜜缇润唇膏；太阳眼镜；斯托克妈咪包；婴儿用棉布；莱芙矿泉水瓶；宝宝比尔恩婴儿背带；来自本恩餐厅的玻璃杯、刀和叉子；餐盘和菜单；厕纸；钱包；收据；尼路咖啡杯；婴儿砂槌；遗失的送货单；纸巾；盐酸雷尼替丁口服溶液；维他补孕片；纸尿裤和婴儿连衣裙；苹果第二代平板电脑和智能盖；果冻猫毛绒玩具；装有贺卡的信封和礼物，来自军士长的婴儿用品；苹果；勺子；马克杯；咖啡储藏罐；英国红十字会捐赠袋；婴儿用棉布；《你好！》杂志

第三排： 妈妈和我牌婴儿用按摩油；杏仁油膏瓶；微笑伍奇小宝贝玩具；蓝尔氏婴儿用沐浴露和洗发水；婴儿沐浴玩具（×4）；毛巾；汤美天地剪刀；帮宝适纸尿裤；婴儿服；冲调好的牛栏牌新生儿配方奶粉；新安怡奶瓶；橡皮奶嘴；棉布；布绒兔子玩具；老帕索玉米夹饼套装；放有刀和塞恩斯伯里红椒的木砧板；青椒；红洋葱；放在碗中的鸡胸肉；炒菜锅；厨房用具（×3）；宜家的刀和叉子（×2）；装有玉米卷饼的餐盘；酒杯和杯垫；维珍航空钢笔和日记本；蚝湾长相思白葡萄酒，智利红魔鬼梅洛干红葡萄酒；罗宾逊橙汁饮料；玻璃杯；茶灯（×6）；布莱恩特＆梅火柴；厕纸；香蕉；橙子

第四排： 银托盘；索莱罗异域冰激凌套装；天空遥控器；焙朗早餐饼干盒和饼干；宜珂洗手液；费尼什洗碗片剂；厨房用布；斯凯雷普布书；帮宝适纸尿裤；剃须刀；束发带；路得清亚麻发色护理液；摩洛哥油修饰发水；毛巾；荻花精油圣水；扑热息痛铝塑包装；奥兰·凯利洗漱包；厕纸；祖马龙全身及手部润肤乳；牙刷杯；飒拉小睡衣；盖普内裤；尼基·克拉克吹风机；彩丝美发刷；梳子；《你的宝宝》杂志；西蒙·凯夫与卡罗琳·费托曼博士所著的《一周又一周》；海蒂·E.默考夫与莎伦·马泽尔所著的《第一年你会遇到些什么》；苹果手机充电器

"现在我所触碰的
一切都是
忘我的。"

智能手机是安娜 -贝伦所触碰的第 19 个物件，这有点儿不同寻常。这表明，在她睁眼的那一刻，有比手机更重要的事物占据她的生活。

而在几年前，安娜 -贝伦的一天可完全不是这样的。"那时我生活得更自我。"她边笑边说。她想起自己那时用的化妆品、发胶和穿的高跟鞋。当她的第一个女儿艾娃出生后，她所触碰的物件发生了天翻地覆的改变。现在，艾娃三个月大了。

那天，在她所触碰的所有物件中，头三样是新近出现的：一大堆婴儿护理用品、玩具和织物。"你没发现我的生活里尽是尿布和不眠夜吗？"以前和朋友一起吃午饭时，安娜 -贝伦可从不会摇晃着一对砂槌。"而这是我现在找人聊天的唯一方式。"她笑着说。

另外，还有一组物件能表明她成为一位母亲后日常生活发生的改变："我希望吃玉米卷的日子尽快结束，我们现在尽挑省事的食物做。"

最后一组中的一些物件曾经十分普遍，但现在随着新物件的出现，似乎被边缘化了。它们将一直提醒安娜 -贝伦的现在、从前和将来是谁："我的手表、项链、手机、裙子。"尽管如此，安娜 -贝伦曾渴望有一天她宝宝的物件能多过她自己的物件。

引人注目的物件
糖果和葡萄酒：预示着一个美好的夜晚。

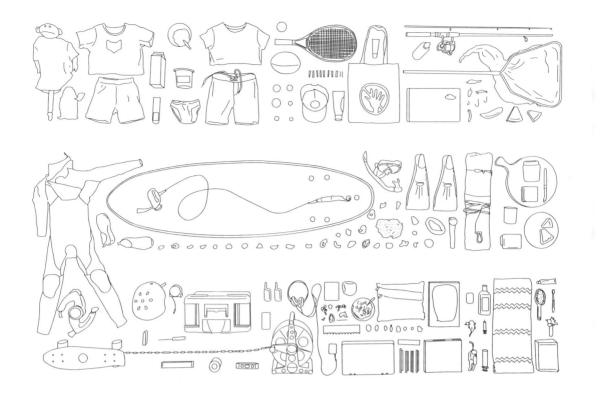

阿尔基·布朗比尔于 2015 年 3 月 7 日（周六）所触碰过的物件

第一排： 穿着印有"阿尔基"字样 T 恤衫的猴子毛绒玩具；"盐巴"企鹅毛绒玩具；锡德睡衣衬衫和短裤；牛奶纸包装；电视遥控器；盛有粥放有勺子的碗；蜂蜜；内裤；锡德 T 恤衫；短裤；网球和球拍；雪睿袋鼠牌澳大利亚式橄榄球；各种各样的球（×6）；带有稻草的神奇气球（×7）；制服帽；每日 SPF30+ 防晒霜；布龙锌粉防晒霜；印有"别碰我的东西、我的脸和我的头发"字样的帆布包；钓鱼竿；旅行水壶；渔网；伯克利渔具箱；浮子；诱饵（×2）；钓绳；钓钩（×3）；香蕉；西瓜片（×2）

第二排： 极速骑板潜水服；奥尼尔潜水鞋；冲浪板；各种各样的贝壳（×27）；呼吸管和面具；沙子；一双脚蹼；加重的潜水玩具（×3）；毛巾和绳；放有克拉夫特花生黄油、刀和面包片（×2）的砧板；水杯；银宝黄油；放有西瓜片（×2）的盘子

第三排： 节拍达人游戏机；带有链条的复古滑板；头盔；瑞士刀；卷尺；螺丝刀；水准仪；工具箱；强力胶布；水准仪；无线电通话机；iPhone4 手机；头戴式耳机；锁链卷盘；织布机箍带收纳盒；各种各样的织布机箍带；织布机箍带板；苹果音乐播放器；面包卷；装有意大利肉酱面和叉子的碗；斯米格文具盒；各种各样的石头（×8）；宝石盒子；尺子；毡头墨水笔（×4）；特里·丹顿所著的《一本教你干蠢事的无聊书》；路易斯·布所著的《街头艺术：喷雾档案》；肥皂；洗发水；鲸鱼沐浴玩具；针筒（沐浴玩具）；潜水员沐浴玩具；针筒（沐浴玩具）；米索尼毛巾；高露洁牙膏；发刷；牙刷；小狗史酷比手抓电风扇；迈克尔·瓦格纳所著的《麦克斯·朗布尔：足球神童麦克斯》

阿尔基

8 岁 | 墨尔本

"我不记得
我何时开始
冲浪的，
从记事时我就
开始冲浪了。"

清晨，当阿尔基醒来，怀里抱着他的毛绒猴子和企鹅。他边吃早饭边看了会儿电视，随后穿衣服。他拿起一把网球拍和几个网球在花园里玩耍，而此时，其他家庭成员正为在沙滩上好好地度过一天做准备。但凡涉及大自然和体育，阿尔基总是乐意前往。他会带上自己的帽子、防晒霜、水和包。

阿尔基最爱的家当是他的冲浪板和毛绒玩具。"假如我把冲浪板弄丢了，我还能在沙滩上干什么呢？我还没出生的时候，我妈妈就从一家折扣商店给我买了这个猴子。企鹅的名字叫盐巴，因为我们总是泡在海水里。"

阿尔基富有创造力和好奇心，他爱用现成的物件创造自己的游戏和玩具。那天下午，他翻开父亲的 DIY 工具箱，将自己的滑板系在一个他在工棚里找到的塑胶盘上，然后拖着弟弟沙尼到处跑。

我问阿尔基觉得他的物件在十年后会是什么样子，他回答说，它们都会布满蜘蛛网！我问阿尔基觉得他的生活在十年后会发生什么变化，他回答说："我的名字！我想换个名字——十年后我想改名叫山姆。"

引人注目的物件
沐浴玩具：针筒是所有孩子沐浴时的最爱，似乎没有其他的沐浴玩具能比它们更有趣。

阿洛·巴特勒于 2015 年 3 月 16 日（周一）所触碰过的物件

第一排： 摩西睡篮床垫和床单；约翰·路易斯毛毯；邦兹背心；约翰·路易斯婴儿连体服；枕头；星状花纹棉布；靠垫；帕纳凯哺乳胸罩；放有棉布和帮宝适纸尿裤的尿布更换垫；珀西尔＆康福特婴儿毛巾；棉方巾

第二排： 盖普婴儿"爱是生活"连体衣；迷你模式白色婴儿连体衣；棉床单；H＆M 云彩图案毛毯；带毛绵羊皮；妈妈的口哨牌印有"这是生活"字样的针织套衫；宝宝比尔恩婴儿背带；帮宝适纸尿裤；棉床单

第三排： 多纳·卡门户外套装；范思婴儿袜；盖有法戈·福姆云彩图案毛毯的婴儿车褥垫；放有帮宝适纸尿裤、拜耳药膏和莫里森尿布袋的尿布更换垫；放有靠垫和梦想羊尤恩的带毛绵羊皮；新生儿洗澡椅；亚丁＆阿娜伊斯星星图案毛巾和浴巾；维特罗斯橄榄油；纸尿布；乔治亚横条纹连体衣；约翰·路易斯睡衣

阿洛

1 个月 | 伦敦

> "假如我把手指
> 放在他的手掌上，
> 他就会用小手
> 握住我的手指。"

当母亲苔丝记录下阿洛一天中触碰的所有物件时，他才一个月大。这个年龄段的婴儿依靠本能抓捏物件。这一本能反应在第一个月内最强烈，这时，婴儿们的手大都是蜷缩着的，他们尚未有能力有意识地伸手去抓他们想要的物件。

然而，触摸对婴儿来说至关重要。首先，需要确认的是"触摸"的定义。于是，我和苔丝约好了让她记录下阿洛直接触碰的每一个物件。环绕阿洛的所有物件几乎都是纺织品，主要是棉布和毛织物。

"每隔两小时，我就要给阿洛喂一次奶，这就决定了我们会做什么事：大部分时间里，我要抱着他睡觉。当然，我需要给他换尿布。换句话说，我们单纯地在一起。他不喜欢我放下他，于是我总结出他喜欢我用婴儿背带背着他在屋里走动，他喜欢靠近我。"物件能从手感、温度、形状和舒适度方面告诉父母，婴儿在基本需求得到满足后，还能从哪里得到满足感。

苔丝将阿洛放在婴儿车里，绕着阿克顿散步 45 分钟，而阿洛一直睡到该洗澡的时间。"他坐在婴儿浴缸的小凳子上，似乎很享受坐着的独立感。我用热水弄湿了有星星图案的浴巾，将它放在阿洛的肚子上以防他着凉。"

引人注目的物件
梦想羊尤恩：这只毛茸茸的羊就像子宫，当父母没有将阿洛抱在怀里时，它产生的心跳能抚慰阿洛。

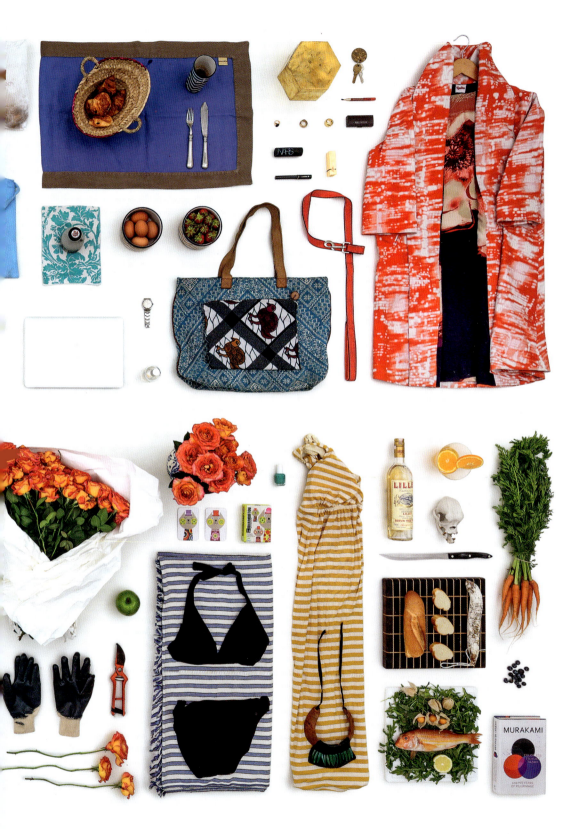

凯特琳·朵约－森代斯于 2015 年 4 月 24 日（周五）所触碰过的物件

第一排： 布鲁克斯兄弟睡衣裤；米歇尔·伯科尼尔土耳其式室内便鞋；手钩搓澡巾（×2）；汤米·贡斯洗发水；高露洁牙刷；马威斯牙膏；毛巾；契尔氏润肤液；欧树风韵姿采抗衰老乳液；文胸；女士短衬裤；大地之春发剂；男朋友衬衫式女士衬衣和迈克·科尔无袖连衣裙；炊事围裙；一袋羊角面包；凉鞋；亚麻布景餐具垫；装有羊角面包（×4）的竹篮；恰比·奇克塑料杯；叉子和刀；放有枫树糖浆（产自美国佛蒙特州）的餐巾纸；装有鸡蛋（×5）的恰比·奇克碗；装有草莓的恰比·奇克碗；苹果笔记本电脑；劳力士手表；契尔氏香水；拉拉手拎包；帕玛·玛琳项链包；首饰盒；金戒指（×3）；纳斯高潮眼、唇、颊三合一彩妆条；兰蔻眼线笔；伊夫圣罗兰迷魅纯漾唇膏；房间钥匙；唇线笔；萝拉·蜜思眼影；狗绳；托波利娜外套

第二排： 潘通色簿；丝芙兰和潘通色彩智能读取器及外壳；《安邸》杂志；《艾丽》装潢杂志；装有铅笔的陶瓷烧杯；法布尔－瑞森·莱拉铅笔（×6）；装有蔬菜和蒸粗麦粉的赤陶土摩洛哥陶锅，带盖；长柄勺；勺子；装有薄荷味马卡龙（×4）的碟子；玻璃杯；唐宁伯爵灰茶；波范设计外套（×2）；瓦片矩阵；蓝色染料；玻璃杯；鹦鹉标本；钱包；200 迪拉姆纸币；花砖（×10）；玫瑰花束；苹果；带有叶片的玫瑰花茎（×4）；园艺手套；修枝钳；玫瑰枝（×3）；放入陶瓷花瓶中的玫瑰；纸牌（×2）和包装；放有莫辛莫比基尼的毛巾；埃西指甲油；法夫连衣裙；帕玛·玛琳项链；利莱特开胃酒；装有利莱特酒和鲜橙片的玻璃杯；克里斯汀·法西拉所制的英国斗牛犬头颅；刀；放有法棍面包和意大利香肠的砧板；火箭菜、酸浆果、柠檬和鲷鱼；胡萝卜；蓝莓；村上春树所著的《没有色彩的多崎作和他的巡礼之年》

凯特琳

43 岁 | 水泥地面砖设计师和制造者 | 马拉喀什

"换个国家生活意味着你可以重塑自身，挥别过往。"

我对凯特琳所触碰物件的第一印象是：新鲜、充满生机、富有动态和活泼。奇怪的是，她也是这么描述接纳她和丈夫塞缪尔的这个城市的。

九年前，她和丈夫离开芝加哥后，即刻被马拉喀什的手工艺文化吸引了，一个特别的发现使得他们成为这里的永久居民。"有一次，我们翻新老城区的一栋房屋。凿地面时，我们看到了水泥花砖。我们被这项手艺和传统吸引了，于是，我们找来一大张帆布，在上面创作我们自己的图案和式样。"这也是手工水泥花砖生产商"波范设计"的由来。

吃过早饭、遛过狗后，凯特琳开着她的雷诺 4 前往工厂。"这个城市是灵感之源。"她边说边展示那个帮助她定义和分类周围色调的潘通色彩读取器。今天是周五，凯特琳照例和工厂员工一起吃摩洛哥炖菜。"那只鹦鹉是个道具。"她解释说。它是伊沙姆·波兹德的，那人负责给她的花砖拍照。

晚饭过后，凯特琳和塞缪尔一起小酌一些利莱特酒，以此结束一天的生活。身为一个从加州来的摩洛哥居民，凯特琳在睡前会看《没有色彩的多崎作和他的巡礼之年》。

引人注目的物件
手钩搓澡巾：用来擦洗身体。
瓦片矩阵：用来生产水泥花砖，将不同的色彩仔细地放在各个方格中。
英国斗牛犬头颅瓷器制品：凯特琳在最近一次前往阿姆斯特丹的旅途中买来的。

卡洛斯·索利斯于 2015 年 4 月 8 日（周三）所触碰过的物件

第一排： 睡衣裤；iPhone6 手机；《圣经》；麦道直升机的 2015 年台历；高露洁牙膏；牙刷；阿克斯凤凰沐浴乳；天然之门茶树洗发液和春黄菊护发素；毛巾；鸡蛋（×4）；特派团玉米饼；墨西哥淡味莎莎酱；小葱；马克杯；餐盘；放在无袖针织衫下的百诺肯马球衫；裤子和腰带；专业肯尼士石墨复合网球拍；彪马运动鞋和美国马球白色袜子；莫利纳马球队帽子；奥尼尔太阳眼镜；网球（×3）

第二排： 肥皂；吉列锋隐致顺剃须刀；毛巾；老香料斐济除臭剂；古驰男士淡香水喷雾；医用脚气药粉；弗莱德·派瑞人字拖；梳子；《绅士周刊》杂志；搅拌器和底座；橙子；玻璃杯；萨摩蜜橘（×2）；香蕉（×3）；橙子；挂在衣架上的白衬衫和领带；挂在衣架上的香蕉王国西装，袋口挂有麦道直升机工作证；索尼笔记本电脑；袜子；博拉诺皮鞋；西冷牛排；土豆；有机茄子；胡萝卜（×4）；辣椒酱；大号刀；烹饪叉；叉子

第三排： 内裤；短裤；衬衣；制服帽；眼镜盒；汤米·希尔费格变焦眼镜 / 太阳眼镜；拉尔夫·劳伦黑色马球男士香水；西服背心和领带；带有 75/300 超声透镜的佳能 EOS 数码相机；亚利桑那名人堂第 45 位名人查尔斯·巴克利入会仪式通行证（×2）；便携式迷你三脚架；鞋子和袜子；《马克西姆》杂志；吉他；阔边帽；砂槌；士力架冰激凌；红盒子 DVD 租赁外壳；《万物理论》DVD；盛有西班牙番茄冻汤的碗；装有烤牛肉、辣椒、杰克式乳酪、番茄和蛋黄酱三明治的盘子；叉子和刀；红葡萄酒；银音手风琴；酒杯；纽曼有机农场肉桂薄荷；红酒开瓶器；特洛伊灭神者特大号避孕套（×3）和包装；织布机的果实平角短裤

卡洛斯

48 岁 | **市场顾问及音乐家**
凤凰城

"我的车里
总会放三到四套
更换的衣物和
几个塞满东西的
箱子。"

卡洛斯住在凤凰城已有一些时日。他有一个令自己很受用的诀窍："我把一天需要的所有东西都放在我的奔驰后备厢里。"

卡洛斯身兼数职，有多项爱好。白天，他是一位市场顾问，常去打网球；夜晚，他为市里举办的各项活动担任摄影；他还是一支巴萨诺瓦乐队的成员。因此，为每项活动更换着装至关重要："这地方十分炎热、潮湿……我总希望自己看起来光鲜亮丽。"

凤凰城是一个依托高速公路建造起来的城市，人们会驱车前往任何一个地方，所以会将许多时间都花在路途中。"我曾经很没条理，一旦忘了某样东西，就气急败坏地回家去取，但现在我总是井井有条，不再浪费时间和汽油了。"

卡洛斯总是带着乐器，他来自危地马拉的一个音乐世家。"假如我听到广播里在放一首动人的曲子，我就会随意抓起手头的一件乐器去弹奏！"

"今天对于我来说是个激动人心的日子。我前往斯科茨代尔的希尔顿酒店去会见查尔斯·巴克利，巴克利是名人堂的新成员。我有一张贵宾通行证，去给入会仪式摄影。随后，我的女友来家吃晚饭，我们一起看了《万物理论》，我为她弹奏了几首曲子，我俩又一起喝了一些红酒。"

引人注目的物件

菱形格网球针织衫："我喜欢在打网球时穿它。我也喜欢色彩丰富的衣服——这样的衣服使得我的存在感更强烈。"

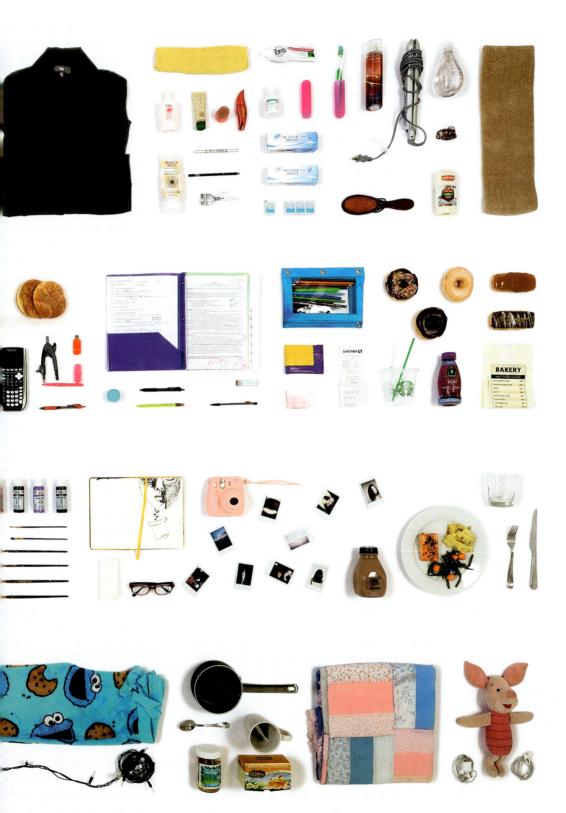

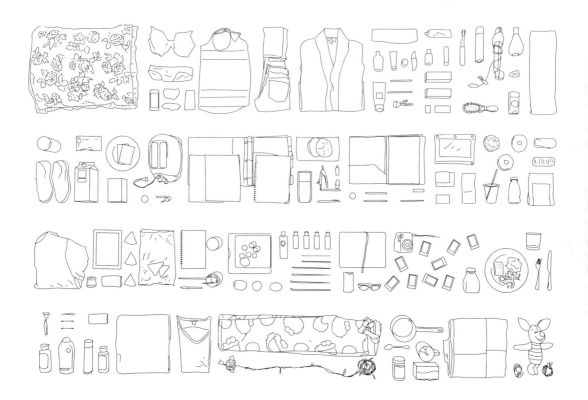

西莉亚·戈迪内斯于 2015 年 2 月 10 日（周二）所触碰过的物件

第一排： 枕头；文胸；维多利亚的秘密女士内裤；iPhone5 手机；袜子；厕纸；岚舒背心；李维斯牛仔裤；莫辛莫开襟毛衣；毛巾；欧莱雅润肤乳；伯特小蜜蜂洁面乳；医师配方有色保湿霜；化妆海绵；医师配方睫毛膏和眼线笔；倩碧眉笔；睫毛夹；汤姆牙膏；隐形眼镜护理液；牙刷和外壳；强生保湿隐形眼镜包装（×2）；单个隐形眼镜（×4）；暮色森林芳香喷雾；约翰·弗里达电夹板；套有发带的梳子；米瑟德洗手液；发夹；老香料斐济除臭剂；毛巾

第二排： 玻璃杯；范斯休闲鞋；自然小径有机吐司、油酥面皮锡箔纸、油酥面皮（×2）和外包装；O 牌有机杏仁乳；餐盘；奥斯特吐司面包；伊欧诗润唇膏；口哨钥匙圈和钥匙；学校文件夹、笔记和笔记本；纸巾和薄鸡片三明治；计算器；指南针；U 盘；荧光笔；毡头圆珠笔；西班牙语文件夹和笔记；伊欧诗润唇膏；圆珠笔；自动铅笔（×2）；橡皮；装有彩色铅笔的铅笔盒；钱包；万事达借记卡；萨夫威超市收据；甜甜圈（×5）；星巴克冰印度奶茶茶杯；巴西莓、蓝莓和石榴汁；面包袋

第三排： 朋友学院风夹克衫；苹果平板电脑；贝塔鱼饵；厕纸；多力多滋和包装袋；素描本；铅笔；三福钢笔；罐头和画笔（×5）；玻璃瓶和画笔（×10）；金属篮子、小块丙烯酸颜料（×6）和无色鹅卵石；经西莉亚着色的鹅卵石（×3）；丙烯酸颜料（×5）；画笔（×6）；素描本；厕纸；宾州大道护目眼镜；富士拍立得迷你 8 相机；迷你 8 相片（×9）；双溪乳业巧克力牛奶；装有三文鱼、土豆泥、青豆和胡萝卜的餐盘；玻璃杯；叉子和刀

第四排： 剃刀；香草豆圣诞新款沐浴乳；镊子；棉签（×2）；欧古丝巴西角蛋白洗发水；厕纸；伯特小蜜蜂护发素；香草豆圣诞新款润肤液；毛巾；博佐罗上衣；甜饼怪睡裤；玫瑰花环灯；平底锅；茶匙；麦克菲蜂蜜；放有茶袋的茶杯；诗尚草本茶；拼布被子；苹果手机充电器；猪仔玩偶；苹果耳机

西莉亚

13 岁 | 西雅图

"我一天中
最美好的时光
是放学后
和朋友们一起去
公园玩。
我们吃着甜甜圈，
就这么闲逛。"

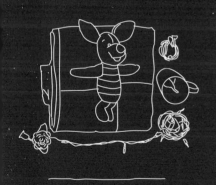

"我不想赶鸭子上架，我想好好享受人生的这一阶段。再过五年，我将会离开家，还将不得不自己操办一切事物。"西莉亚边说边看着她的母亲。

西莉亚正开始渐渐独立，她所触碰的物件里既有童年的影子，又有成年的迹象。然而，在两三年前，西莉亚绝对不会触碰烤面包机、剃刀、厨具或是借记卡。她的生活正在发生转变，这也体现在她最爱的物件上：毛绒玩具和印有卡通人物的衣服正逐渐被文胸、化妆品和电夹板取代。

"随着我慢慢长大，我无疑会有越来越多的化妆品，它们会让我更有自信。我也希望能有一个好的相机，猪仔和果酱馅儿饼将离我而去。"青春期就在那里，西莉亚的宝贝物件是只有她那个年龄段的孩子才懂得珍惜的：他的朋友特雷弗的学院风夹克衫——"那天在公园里我有点儿冷，他就把他的夹克衫给我穿。"挂在西莉亚墙上最近一次和朋友聚会的照片——"我会一遍又一遍地看这些照片。"放学回家后，西莉亚喂完金鱼就坐下画画。"我爱画画和艺术，我能够连续画几小时画。妈妈觉得我将来会成为一个摄影师、一个文身艺术家或者是一个建筑师。"

引人注目的物件

玫瑰花环灯、茶、杯子和耳机：这些是西莉亚温馨的睡前序曲，她还会抱着一个毛绒玩具。刚从温暖惬意的考艾岛搬来时，是这些物件帮助西莉亚适应西雅图的严冬。

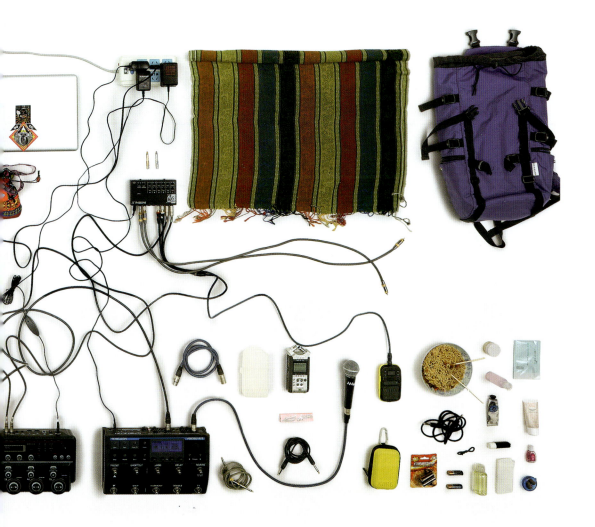

查查·耶亥雅汗于 2015 年 2 月 27 日（周五）所触碰过的物件

第一排： 拖鞋；iPhone5 手机；厕纸；奈克斯特睡衣上装；简适裤子；潘婷洗发水和护发素；便携式剃刀；牙刷和外壳；云南白药牙膏；浴巾；头巾；药盒牌香皂；女用止汗剂；飞利浦小型吹风机；人字拖；梳子；发夹；潘婷头发护理油；雅漾眼霜、爽肤水、保湿霜和蜜丝佛陀 30 面霜；润唇膏；装有雅漾温泉水喷雾、肥皂、卫生棉球和滴露洗手液的旅行包；优衣库文胸；女士内裤；苍鹭色彩西裤；袜子；T 恤衫；K's 10 针织套衫；撕纸式粘尘滚刷

第二排： 连有电线的接线板；眼镜和眼镜盒；《红秀》杂志；指甲剪；镊子；理发剪；泰迪镊子盒；表皮刀；角质推棒；指甲锉；指甲刀；镜子；蜜丝佛陀扑面粉和魔幻触感粉底霜；乔治·阿玛尼唇膏；印有"东京"字样的化妆包；刷子；睫毛夹；蜜丝佛陀腮红；睫毛膏；卸妆纸巾；丝芙兰眼影（×2）；激情女士眉粉；眼影刷；眼线笔（×2）；贵烟香烟；羊角面包、刀、盘子和餐巾纸；马克杯；甜点；草莓酱；勺；茶；鲜牛奶；查查的贴纸；AM444 贴纸；AM444 3D 打印钥匙圈；查查的名片（×2）；褪色的鬼魂名片；笔记本电脑充电器；苹果笔记本电脑；一包贵州糖果；带有插座的接线板；单声道音频插座（×2）；带有电缆的多频道（6 频道）混音器；电子琴遮盖布；旅行包

第三排： 布格电子琴包；科音音响合成器；自动语音合成电子琴；波士 505 乐句循环工作站；电缆适配器；缇晰螺旋波歌声处理器；单声道双插座电缆；卓姆 H4N 数码录音笔和外壳；卷烟纸；单声道双插座电缆；麦克风；科音触摸合成引擎双段音响合成器和盒子；盛有面条、蔬菜，放有筷子的碗；单声道双插座电缆；束发带；电池组；单个电池（×2）；装有橄榄油的瓶子；眼霜；爽肤水；欧舒丹手霜；润唇膏；厕纸；面膜；雅漾夜霜；角质层油；耳塞（×2）和盒子

查查

32 岁 | 歌手和音乐家 | 上海

"我们父母
那一代人
喜欢安稳的生活，
而我们这一代人
正好相反。"

查查唱歌、作曲、主持音乐节目，她还喜爱即兴创作。在我拍摄完照片准备收工时，她就开始在帆布边缘接电线，玩起音乐。她用最近在西贡街头的录音作为前奏，唱起了中英文歌曲。

她的声音有力而独特，她的风格很难被定义。她这么描述她最新的作品 AM444："听起来就像是冰岛歌手比约克的中国亲戚同荷兰籍的继兄杰·迪拉一起闲逛，或者是格雷斯·琼斯同小龙乐队一起坐上从布里斯托到上海的奇幻水上旅行。"

她常常无拘无束地轻装旅行。"我们是自由的，也不想要安全感。父母在我们这个年纪考虑的是工作、房子和保险，但我们从不这样。"查查是中国计划生育政策落实后的第一代人，如今，他们已三十出头。她和父母一样努力工作，但与依靠指定的道路相比，她的成功更不受局限，更多样。

每次看到这张照片时，我都仿佛听见查查在歌唱。

引人注目的物件
查查在去年春节回老家时带回的纪念品：贵州糖果。"我十五岁时离家，每年回去看一次父母。我不知道他们生活中的一天会是什么样子。"

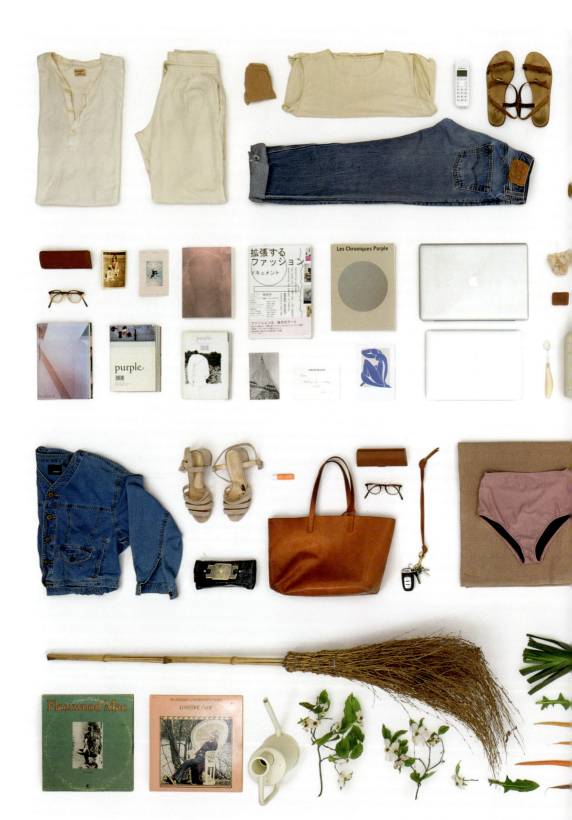

克莱尔·柯特雷尔于 2015 年 3 月 30 日（周一）所触碰过的物件

第一排：家纺睡衣裤；女士内裤；复古无袖上衣；李维斯 501 牛仔裤；松下数字无绳电话；古希腊式凉鞋；火柴；绿檀香（圣木）；陶瓷碟子；好能源石英（×2）；从沙滩捡到的冥想石（×2）；火炉烧水壶；木勺子；触觉球垫；茶叶滤网（×2）；乌龙茶叶和包装；抹茶粉状绿茶；一步道茶叶公司茎煎茶；iPhone5S 手机；纸杯；柠檬（×3）；藤垫；放有面包和刀的砧板；斯奇尔酸果酱；放有海盐颗粒的砧板；装有燕麦的玻璃罐；基多凯托加州海盐；盘子；有机杏仁露；苏菲·卡列所著的《真实故事》；放有燕麦和勺子的碗；手工瓦片（×2）；碗和金橘（×6）

第二排：奥利弗·皮帕斯眼镜和眼镜盒；安妮塔·莫亚达斯所著的《约翰·鲍尔森：论题及项目》；克莱尔母亲的相片；来自毒药谷的展览明信片；《紫色》第六期；奥弗·沃尔伯格所著的《比莉》；《紫色》第五期；小林奈加子展览目录；明信片；戴维·布莱克的感恩明信片；艾琳·弗莱斯所著的《紫色通鉴》；马蒂斯明信片；苹果 Pro 笔记本电脑；苹果 Air 笔记本电脑；用作肥皂架的岩石（×2）；肥皂（×2）；牙刷；艾凡达洗发水；毛巾；特蕾西·马丁洁肤霜和面部、全身重塑乳液；梳子；大地之春发刷；米糠美人品牌米糠焗油膏；伊芙·洛姆有色 SPF 保湿霜；伊索护手霜；纳斯唇彩；RMS 丽人遮瑕霜、胭脂和唇亮油；文胸文胸；女士内裤；斯宾塞·杰里米上衣；玛丽亚·纳西尔·扎德上衣；阿匹斯·阿帕特裤子

第三排：丽兹牛仔外套；玛丽亚·纳西尔·扎德鞋子；R & Y 奥古斯蒂搭扣钱包；润唇膏；曼苏尔·加夫瑞尔手提包；奥利弗·皮帕斯眼镜和眼镜盒；绑有皮绳的汽车钥匙；放有比基尼内裤、佳能 EOS 义隆 II 35mm 相机和亚伦·斯顿克所著的《36 张照片 20 首诗》的毛巾；草帽；丹尼斯·斯托克所著的《太阳兄弟》（翻开的）；薰衣草枝；木头和稻草扫帚；川内伦子所著的《眼睛、耳朵》；奥林巴斯 35 SP 35mm 照相机；露丝·范·贝克所著的《飘满雪花的室内绿植》；路易吉·格里所著的《这里很美，不是吗……》

第四排：藤条和树枝扫帚；弗利特伍德·马卡创作的《未来游戏》黑胶唱片；克莉丝汀·麦克维创作的《传奇克莉丝汀完美专辑》黑胶唱片；喷壶；从克莱尔家花园采摘的树枝和花（×3）；韭葱；火箭菜（×2）；甘薯（×2）；胡萝卜（×4）；放有姜的砧板；鲍勃红磨坊珍珠库斯；赤陶土摩洛哥陶锅；木勺子；波密番茄酱；碗；碟子；勺子、叉子和刀；埃里克·罗默的《六个道德故事》DVD 盒包装和 DVD（×2）；蓝花楹女士睡裙；袜子；爱丽丝·卡普兰所著的《用法语做梦》

克莱尔

33 岁 | 电影导演和摄影师
| 洛杉矶

"通过看一个人
读些什么书，
我就能
了解他很多。"

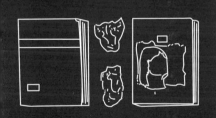

克莱尔在照片分享应用里发布的帖子总是优雅而朴实的，色调是柔和的肉色。她的风格是无懈可击的，并且延续到她生活的各个角落，这是她的追随者们通常都看不到的：从衣物到抹布，毛巾和平底锅，甚至是她的清晨读物——苏菲·卡列的《真实故事》——也与她的陶器和镶嵌画的颜色相融合。

"每天清晨，我都会焚烧绿绿檀香，这个过程是神圣的，受到我朋友劳伦（见 149 页）的启发，劳伦还送了我两块冥想石。"

我为克莱尔拍摄照片的那天正值加利福尼亚的春天。那天午餐时分，她要去银湖赴约，因此在家稍作准备。从她精心收藏的书籍可以推测出她作为书柜创始人的身份。书柜是她从一家网上艺术书店经营起来的，"从富有想象力的个人私人藏书中受到启发"，而今已成为艺术类书友会活动的中心。

午餐过后，克莱尔回到她在华盛顿山的家中。在花园晒太阳时，她开始为园中的植物拍照，这是《野外季刊》向她约的稿。她打扫了家中的院子，随后放起了弗利特伍德·马卡扎克莉丝汀·麦克维的音乐。摊在桌面上的书是丹尼斯·斯托克所著的《太阳兄弟》，这本书是克莱尔永远的灵感源泉。

她晚餐吃了素食摩洛哥炖菜，随后看了埃里克·罗默担任导演的电影。随后换上白色棉布和青绒的睡衣，躺在床上阅读爱丽丝·卡普兰所著的《用法语做梦》。

引人注目的物件

用作肥皂架的岩石。
《紫色》第五期和第六期：《紫色》时尚杂志的前身。

克拉丽莎·马丁内斯于 2013 年 10 月 24 日（周四）所触碰过的物件

第一排： iPhone5 手机；手机充电器；厕纸；束发带；高露洁牙膏；博朗·欧乐–B 电动牙刷；薇斯莱斯 T 恤衫、M＆S 女士内裤和普里马克短裤；多芬香皂；瑞士国铁表；毛巾；博姿面霜和润肤液；普里马克牛仔裤和女士内裤；H＆M 针织套衫、T 恤衫和文胸；托尼＆盖伊发胶；右后卫除臭剂；女儿的灰色长睡衣、校服 T 恤衫、紧身裤、开襟毛衣和半身裙；毛巾；儿童用发刷；小牙齿牙膏；儿童用牙刷；迎风顺发发胶；瓢虫容器；宜家容器（×2）；布茨容器；塞恩斯伯里黑莓；黄瓜；芝士条（×2）

第二排： 面包片（×4）；银宝可涂抹黄油；盘子；切割刀；刀；基本维特罗斯覆盆子果酱；基本维特罗斯奶酪片；塞恩斯伯里乖一点火腿片；塞恩斯伯里覆盆子；塞恩斯伯里保鲜膜；琶珀切斯饭盒（×2）；塞恩斯伯里牛奶；迪士尼公主马克杯；凯蒂猫马克杯；杯子；雀巢巧克力粉；吸管（×2）；勺子；意利咖啡；量勺；放在纸巾上的加吉亚咖啡机过滤器；放在纸巾上的勺子；贴有学校照片订购表格（×2）的女儿们的书包（×2）；河间岛运动鞋；马来帆船钱包；贴有姓名标签的水壶（×2）

第三排： 飒拉黑色手提包和围巾；太阳眼镜；汽车钥匙；房屋钥匙；苹果笔记本电脑和充电器；《造型》杂志；厕纸；帝国皮革洗手液；毛巾；水壶；茶匙；马克杯；茶袋；H＆M 发套式帽子；琶珀切斯线缝笔记本；铅笔；斯匹克塞维斯眼镜盒；乐购汽水；宜家玻璃杯；益达罐装口香糖；厕纸；待邮寄的包裹和邮递员的钢笔；装有菠菜的哈比塔特沙拉碗；塞恩斯伯里乖一点儿凉拌菜丝；食盐瓶；胡椒研磨器；塞恩斯伯里橄榄油和香脂醋；装有意面沙拉和勺子的带盖宜家容器

第四排： 马克杯；杜威·埃格伯特速溶咖啡；女儿们的踢踏舞鞋和制服（×2）；路易斯·道蒂所著的《苹果树院子》；吉百利迷你巧克力卷（×2）；塞恩斯伯佳发饼干；放在袋子上的格雷格香肠卷（×2）；放有胡萝卜的盘子；削皮器；叉子（×2）；杯子（×2）；放有樱桃番茄的盘子；切割刀；塞恩斯伯里苹果和黑加仑子果汁；H＆M 红色裤子；拓扑肖普 T 恤衫；阿什靴子；化妆包；乔治·阿曼尼海蓝寄情香水；头发搭扣；蜜丝佛陀指甲油；墨西哥金耳环；芮谜·马克斯粉饼、睫毛膏和眼线笔；首饰盒；穆巴皮衣；红酒杯；放有叉子和刀的木盆和安妮餐馆的菜单；博姿夜用眼霜；博姿湿巾；床头灯

克拉丽莎

35 岁 | 研究员 | 伦敦

"我会去做，
我会成为
第一个
做这件事的人。"

克拉丽莎来自布宜诺斯艾利斯，她和丈夫杰克在伦敦生活了 12 年，有两个女儿奥利维亚和咪咪，她现在担任"TheOverworld"的研究员。这是我拍摄的第一张照片。我们是好朋友，在一起度过的时光如此之多，以至于我都忘了下面的对话是在清晨喝咖啡时，还是在夜晚饮红酒时发生的。

"克拉，我有个想法，我想捕捉人们在一天之内触碰的所有物件，将它们按时间顺序摆放，随后拍一张大照片……"

"这点子棒极了，保。你得去干。"

"怎么去做？谁会愿意干呢？人们不会愿意去做的。这事太麻烦了。"

"我会去做的。我明天就去做。"

第二天，克拉丽莎将她触碰的一切物件都记录下来。她一次又一次兴奋地给我打电话。

"保，我头一件触碰的物件是我的电话，随后是我的束发带。哇，我每天都做这些事。"她接着说，"随后我碰了奥利和咪咪的校服和她们的白备午餐。我甚至连保鲜膜也算进去了，有点儿过分了吗？可我确实碰了！"

"对的，你做得对，克拉，是一切物件！"

午餐时分，我们已清点了有近 100 件物件。从她的一天中，我们学到了如何设立基准，从而告知日后的参与者如何记录他们的一天。直到项目结束，克拉一直都在为《我们所触碰的一切》添砖加瓦。

引人注目的物件

待邮寄的信件和邮递员的钢笔：那一刻，我们意识到不是我们所触碰的一切都可以预见。

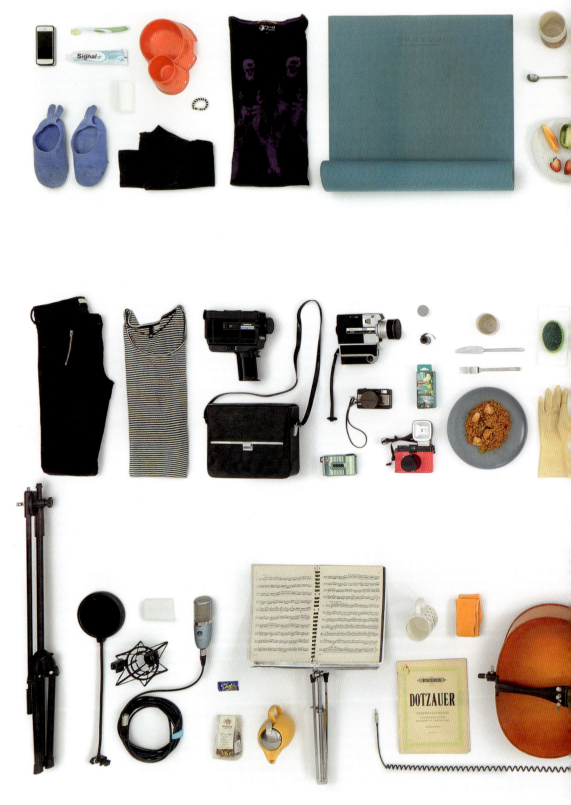

克劳迪娅·佩德拉萨于 2015 年 3 月 20 日（周五）所触碰的物件

第一排： iPhone5 手机；牙刷；西格纳尔牙膏；拖鞋；厕纸；猫食碗；束发带；绑腿；佩佩牛仔 T 恤衫；动悦适瑜伽垫；马克杯；宜家勺子；甜菊甜味剂；惠塔德糖屑；放有切成片的橙子、猕猴桃和草莓（×3）的托格奈奈瓷盘；卷筒卫生纸；《欢喜》杂志；放有西番莲香皂、丝瓜、苹果醋、托雷斯·穆尼奥斯碳酸氢盐和露诗洗发水的毛巾；地球疗法茶树身体保湿霜；BBR SPF100+ 防晒霜；马尔内雅根油发油；雅漾有色粉底；性感手枪解放橙郡香水；班布尔和班布尔头发定型剂；放在伊丽莎白·雅顿罐中的椰子油；菲利普·玛蒂诺文胸和 H & M 女士内裤；毛线袜

第二排： 香蕉王国裤子；H & M T 恤衫；康佳超 8 摄像机和包；三共超 8 摄像机；乐摸超广角照相机；乐摸超级采样相机；伊尔福 35mm 电影胶卷、管子和盒子；乐摸戴安娜照相机；中国瓷茶杯；宜家刀和叉子；装有鸡肉杂烩菜饭的宜家盘子；放在厨房用纸上的洗碗海绵；奥特洗涤液；洗碗手套；厕纸；炒饭锅；套有凯蒂猫罩子的苹果笔记本，其上放有西部数据我的护照外接硬盘、数据线和天龙耳机；佳能 7D 照相机；自由薄荷糖盒（用来装麦克风）；铁三角麦克风；微型话筒；尼康 28mm 镜头；佳能电池（×2）；佳能 50mm 镜头；极速 H4n 音频数字录音机；矿物彩妆粉刷和扑面粉；唇膏；自然睫毛膏；丝芙兰唇刷；放在盒子里的耳钉；COS 手提包；阿尔贝托·费马尼靴子；挂在乐高《星球大战》达斯·维达钥匙圈上的钥匙；雷朋太阳眼镜；手套；瓦尤部落手镯；依斯帕旅行包和《国家地理》杂志

第三排： 麦克风三脚架、过滤风挡和蜘蛛减震器；厕纸；AKG 感知 220 麦克风；杰特巧克力小吃；惠塔德巧克力印度红茶；《多扎尔精选 62 首大提琴练习曲》活页乐谱和乐谱架；休斯 & 布鲁斯茶壶；马克杯；毛毡布；"多扎尔大提琴学派"活页乐谱；大提琴；缠有丝带的琴弓；皮拉斯托松香和盒子；科音调音器；索尼 MDRV6 耳机；树莓派自制直播电视电子流；电线；比克打火机；大麻烟斗；放有三文鱼塔塔的宜家盘子；放在筷架上的筷子；围巾；地铁票；装有威士忌酒的玻璃杯；厕纸；毛巾；小蜜缇润唇膏；发夹；露诗洗面奶（×2）

克劳迪娅

41 岁 | **电影制作人** | **马德里**

> "是该丢弃
> 一些东西，
> 还是出于情感考虑
> ——因为某个
> 馈赠人或是物件
> 曾经的意义
> ——保存它们，
> 令我进退两难。"

清晨醒来，克劳迪娅会在家中练瑜伽，然后吃上一顿营养早餐，用加有醋和碳酸氢钠的洗澡水洗澡（她正逐渐摒弃使用化学产品）。她来自哥伦比亚，她的男友佩德罗（见 189 页）来自阿根廷。因此，每次回家，他们的行李箱里都会塞满礼物。"我挺为这事发愁的，于是我们对所有的亲戚说，假如你们要送我们礼物，请只买给我们例如肥皂和红酒之类的易耗品。"

克劳迪娅坦言，她收藏的《国家地理》杂志是她不愿丢弃的物件。"我工作上的许多想法都是受到这本杂志的启发，我还是个小女孩时就开始读这本杂志了。"作为一名摄影师，她痴迷于这本杂志，每个月都一页不漏地贪婪阅读。她还是个电影制作人，创建了一家名为努巴达影视的公司。那天，她正为《孟度·桑诺洛》杂志拍摄一场采访，她随身携带的是佳能 7D 照相机。

"我是一个自由职业者，对自由和时间的经营对我而言最为重要。"照片上的超 8 和尔摸系列是用来拍摄一个和佩德罗合作的项目。AKG 麦克风是用来唱歌的。"他是个音乐家，我们喜欢合作，于是我会在他的项目里一展歌喉。"而她拉大提琴是为了放松，"我想我不会上台表演。拉大提琴是个人兴趣，一种冥想和逃脱的方式。"

引人注目的物件

洗碗手套：这是克劳迪娅和佩德罗达成的协议——"他负责煮饭，我负责洗碗"。

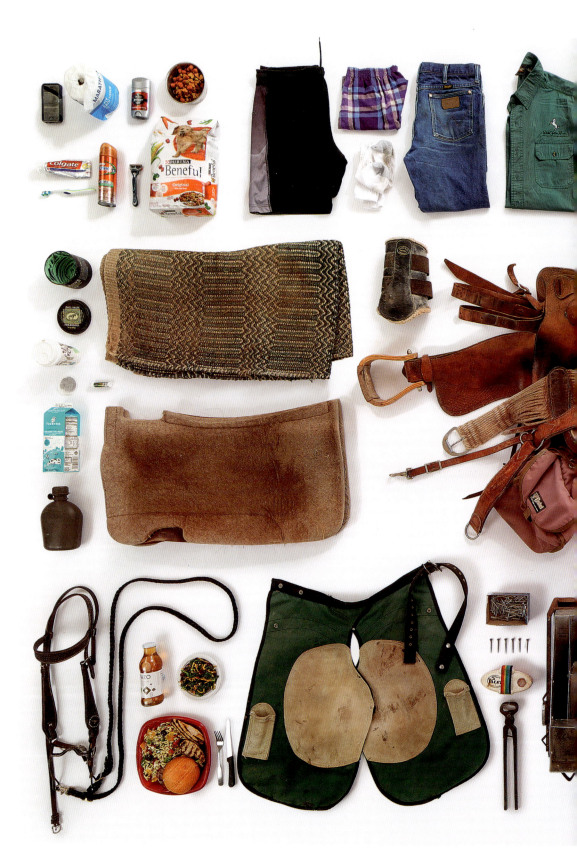

大卫·特鲁于 2015 年 4 月 10 日（周五）所触碰过的物件

第一排： iPhone4 手机；高露洁牙膏和牙刷；马拉松厕纸；老香料史瓦格除臭剂；吉列融合刮胡啫喱和剃须刀；装有狗食的碗；普瑞纳·班尼弗狗粮；短裤；男士平角短内裤；袜子；威格牛仔裤；白马牧场衬衫；钥匙；刀；牛仔靴子；帽子；带有盘子式样纽扣的皮带；雷朋太阳眼镜；摩托罗拉对讲机；刮毛刀清单；缰绳；引索

第二排： 鞍伤药膏（为缓解马的疼痛）；塑料杯和盖子；茶袋；俏唇润唇膏；卢塞恩低脂牛奶；水壶；毯子；马鞍垫；马护膝（×2）；马鞍；早餐点餐单和圆珠笔；附有骑行表的写字夹板；一盒鸡蛋；装有脱脂乳烙饼、胡椒粉、火腿和洋葱煎蛋卷的盘子；《亚利桑那明星日报》体育版；煎锅；装有洋葱土豆煎饼和腌肉（×2）的盘子；急救箱；刮刀；乔鲁拉美式辣酱；刮刀；用纸巾包着的刀和叉子；线卷；钳子

第三排： 马笼头、缰绳和嚼子；泰舒有机冰绿茶；装有菠菜和意大利沙拉酱的碗；装有鸡胸、米饭、墨西哥鳄梨酱和烤牛肉汉堡的盘子；叉子和刀；装马蹄用围裙；马蹄钉（×6）和盒子；蹄铁工磁石；张力棍；装有换马蹄用工具的工具箱；蹄钩；铆钉切割器；张力棍；马头锤；旧马蹄铁（×2）；镊子；新马蹄铁（×2）；环形刀；蹄铁工刀；锉刀鞘；锉刀；马蹄钉（×3）和盒子；紧钳；干草捆钩；干草捆；内华达山淡啤酒；放有烤猪肉、苹果酱、西蓝花、胡萝卜和螺丝面的盘子；装有冰块的玻璃杯；格兰利威 12 年老苏格兰威士忌；美国精神香烟；火柴；白马牧场烟灰缸；海飞丝 2 合 1 洗发水和护发素；多芬男士护理沐浴露和洗面奶

大卫

23 岁 | **牛仔** | **图森**

"假如你的一天
都围绕着马和
户外工作进行，
那我会说
你是个牛仔。"

大卫是第三代牛仔，他生于白马牧场，长于白马牧场。他曾短暂离家，前往北亚利桑那大学学习哲学。现在，他又回到牧场工作。大卫的父母给他自己规划人生的自由，但他除了想当牛仔别无他念。"牛仔是个夕阳职业，很多人说当牛仔已经过时了，并且没必要，但这是我们历史的一部分。"

每天，来自世界各地的人们来到牧场，满心好奇地想要看看和体验一下牧场的生活，而大卫就负责接待他们。

"我们一早就和马打交道。我们有两个大牧场，马匹都在那里，我们其中一个人会过去放牧。目前，牧场里有 160 匹马。我们给马带上缰绳，让它们趴下，为它们梳理毛发、上马鞍。"随后，大卫为所有的牧马工人煮早饭。"我会边吃饭边浏览本地报纸，看一下订单表。为以防万一，我总会抓起急救箱和绳线。绳线是给人们系在牛仔帽上的。他们从不戴绳线，以为它只是装饰，但事实上，如果他们的帽子被风刮走，整个马群都会受到惊吓。"

引人注目的物件

制作马蹄的工具箱："这些工具同蒙古人最早的发明如此相像，真令人诧异。"

夹钳：大卫用它剔除马匹扎到的仙人掌刺。

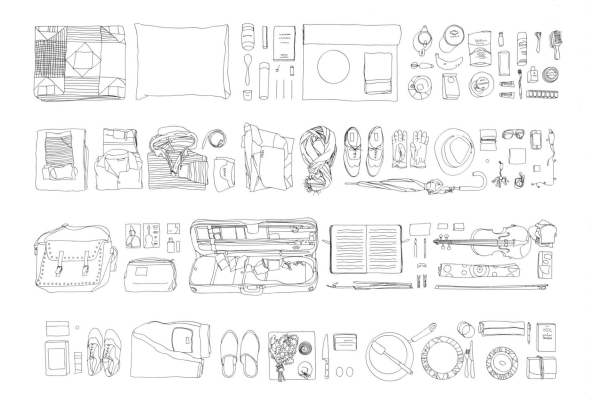

戴维斯·里德于 2015 年 2 月 10 日（周二）所触碰过的物件

第一排： 带图案的毯子（由戴维斯的母亲制作）；枕头；频谱有机椰子油；勺子；强生洁牙线；晨星檀香；傲世饮用水；穆塔那达尊师所著的《与寂静共鸣》；香座和香（×3）；比克打火机；放有法雷奥健身球和毛巾的瑜伽垫；茶壶；滤茶器；瓷茶杯和茶托；费奇·格里克酸奶；香蕉；糖丸药师薄荷糖、迷迭香、鼠尾草、白芷、丁香、百里香和姜汤；乌迪无谷蛋白燕麦卷；吉列融合刮胡啫喱；高露洁牙刷；剃须刀；言秀君王香水；发刷；沃特金斯薄荷醇樟脑软膏；艾滋病毒每日用药

第二排： 毛巾、内裤和袜子；自由世界牛仔裤和 H&M 马球衫；21 男士毛衣；腰带；护腿；天鹅绒外套；围巾；波士顿经典雕花鞋；手套；帽子；伞；钱包和卡片；戒指；钥匙和钥匙扣；太阳眼镜；手帕；苹果耳机；iPhone4 手机；苹果音乐播放器；传统印第安铃铛串

第三排： 范瑟斯包；明信片（×2）；轻便旅行化妆袋；箭牌 5 口香糖和包装；沃尔格林洗手液；装有纪念品、纸币（$10 ×1，$5 ×1，$1 ×5）和硬币（×8）的小提琴箱；活页乐谱；活页乐谱架；有关"火焰微燃"定义的剪纸；小提琴调音器；带有橡皮帽的铅笔；琴桥；晾衣夹（×2）；松脂和盒子；小提琴；佩斯利图案围巾；琴弓；用保鲜膜裹起的五香熏牛肉和莴苣三明治；放在塑料袋上的饼干（×3）

第四排： 2.25 美元现金；《纪伯伦名作选集》；地铁票；练习用探戈舞鞋；赫尔利裤子；拖鞋；放有甘蓝和洋葱的砧板；菜刀；O 牌有机鸡蛋（×2）和盒子；Oxo 煎锅和锅铲；盘子；玻璃杯；叉子和刀；纸巾；放有百吉圈的盘子；圆珠笔；《奥斯卡·王尔德童话全集》；皮革笔记本

戴维斯

29 岁 | 小提琴手 | 西雅图

"我可不是
我财产的奴隶。"

戴维斯是一名街头音乐家，他总是风雨无阻地在西雅图派克市场沿街卖艺。"人们问我是做什么的，我说我是个寻欢作乐的。人们问我娱乐时做什么，我说我工作。于是，我的生活似乎就是娱乐和工作。"戴维斯来自爱达荷州，十年前来到西雅图。"我在追寻新鲜空气和湿度，只有那些从沙漠来的人理解我说这话的含义。"

他频繁地更换住处，不在任何一个地方久留。这种流浪的生活方式使得戴维斯对所有物更有规划。"我一次又一次地收拾行囊。每次搬家，运货的车子就会小一圈，从最初需要一辆卡车分两次装运，到现在我可以把所有的行李都装在一辆微型汽车的后备厢里。"

戴维斯谈起他强大的知足感："你得花时间评估你的物件。你拥有的物件得支持你现在做的事，而不是你曾经或是将来某天要做什么事。"他告诉我，他可不是财产的奴隶。"即便有什么事降临到我的小提琴上，使我俩分开了，我依然是个小提琴手。还有其他的小提琴摆在那里，等着我去和它们建立联系。"

引人注目的物件
传统印第安铃铛串：戴维斯总是随身携带它们，用它们来吸引街上陌生人的注意。
探戈鞋：戴维斯酷爱跳探戈舞。

丹尼斯·甘博亚于 2015 年 3 月 24 日（周二）所触碰过的物件

第一排： iPhone5 手机；运动型文胸；运动裤；空中邮政运动上衣；粉色便鞋；马克杯；水壶；努特生小屋双份杧果；玻璃盘子和杧果；削皮刀；茶匙；米瑟德洗碗皂；海绵；抹布；苹果无线键盘和鼠标；颜料搅拌杯；玻璃杯；胶棒；厕纸；温莎＆牛顿·加莱里亚丙烯颜料（×5）；调色盘；黄金丙烯颜料（×2）；丹尼斯所画的水彩画（×3）；各种各样的画笔（×5）；厕纸

第二排： 画架；大块帆布（丹尼斯最近的画作）；由纽约当代艺术馆出版的《巴勃罗·毕加索》；安妮·拉蒙所著的《一只鸟接着一只鸟》；蜡烛；打火机；苹果笔记本；佳洁士牙膏；飞利浦音波式电动牙刷；毛巾；琼斯·马朗防晒霜；发刷；喷壶；植物；黑色背心；奥利维亚天空上装；《经济学人》；莱萃美维生素 D；手机壳；抗组胺药丸；零钱包；苹果耳机；仿鼹鼠皮笔记本；钢笔（×5）；皮铅笔袋；太阳眼镜；汽车钥匙；莱卡 M9 数码相机；彪马运动鞋；相机袋

第三排： 墨西哥玉米片（×5）；玉米饼收据；维萨借记卡；打包盒；餐具垫、放有鸡肉玉米卷和叉子的盘子；意大利千层派饼干；可口可乐；放有巧克力方块蛋糕的碗；玻璃杯（×2）；丹·诺里斯所著的《7 天创办公司》；礼物标签；包裹好的礼物样品；粗麻布丝带（×3）；放有糖果样品的罐子；海绵刷；礼物标签（×2）；皮尺；超无限电视遥控器；杂货袋和收据；杧果（×3）；猕猴桃（×3）；玻璃杯；装有拉面、放有筷子的碗；裸色洗面奶；吉列剃须刀；多芬沐浴露；薰衣草油；布发圈；沙漠精华护发素；欧乐吉婴儿润肤液；爱丝普雷润肤液；强生洁牙线；长滩岛睡衣睡裤；电子书及外壳

丹尼斯

33 岁 | 市场总监（休假）
| 旧金山湾区

"最近几个月，
我像经历了
一场撞击测试，
在此期间，
我成了我渴望
已久的那个人。"

丹尼斯正在尝试新的生活，她照片里的所有物件都体现了她就未来所做的试验。"我需要减压，因为我过去工作太拼命了。我是做市场和技术的，我都把自己累得精疲力竭了。"

丹尼斯将此视为重塑自身的一次机会，她可以花时间在她一直想做的事情上，找到一种有益的生活方式来替代之前的全职工作。"这棒极了，十分有治愈效果。我曾经为工作和责任所累，忘记了自己想要什么和自己是谁。"

丹尼斯继续解释道："我很早就醒了，是在我想醒的时候醒的，随后我开始画画。我醒来时精神饱满，也不想丧失冲劲，于是直到我停下来那刻，我甚至都不刷牙。"午餐时分，她在山景城的一天从《巴勃罗·毕加索》转移到《经济学人》，到之后的《7 天创办公司》。"一天中，我扮演不同的角色：早晨我试图成为一个艺术家，下午我努力成为一个企业主。"

"那天，我感到一切都是未知的，我是自由的，我不必奔赴一场会议，我不必接什么电话。这就是我大致的感受。我的日子不再老套乏味，而这是我最看重的。"她的旅程可能终结于艺术，也可能终结于她自己的生意，或者是两者的结合。

引人注目的物件
大块帆布：依然在创作中的作品。它代表了丹尼斯和丈夫日耳曼去过的所有地方。

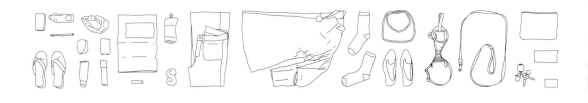

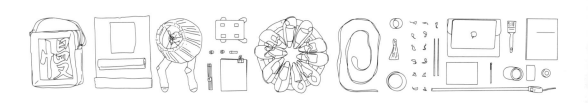

丹尼斯·黄于 2015 年 3 月 4 日（周三）所触碰过的物件

第一排： 带有手机壳的 iPhone4 手机；苏州拖鞋；舒适达牙膏；牙刷；发带；顺发梳；厕纸；资生堂洁面泡和护肤霜；《上海日报》；雅漾润唇膏；植脂淡奶；早餐油酥糕点；蓝色牛仔裤；苏州丝绸上衣；印有白菜的苏州袜；珠子项链；鞋子；狗项圈和狗绳；印包；票；钥匙圈和钥匙；交通卡

第二排： 印有"慢"字的苏州包；织物样本和"灯"素描；苏州灯和袜子；编织工具；绿色和紫色的线绳；竹子样本；彩色铅笔；夹有铁夹的设计图纸；苏州便鞋（×5）和鞋架；布绳；陶瓷马克杯；干面条；碗；单个的干蘑菇（×13）；筷子；苹果笔记本电脑和外壳；纸（写有所触碰过的物件的清单）；钢笔；皮尺；画笔；颜料罐；玛莎·达伦所著的《中国蔬菜烹饪指南》；厕纸；蛤蜊壳镜子

第三排： 各种各样的织物和装饰图案及图案设计书；画有草图的纸；织物搭扣；珠子（×2）；裁缝皮尺；条状织物样本；种植在雨鞋中的长寿花；丹尼斯女儿的开襟毛衣、包、棒棒糖、纸巾、夏威夷小吉他、T 恤衫和熊猫玩具（×3）；（女儿的）画作；单个的蝴蝶面（×17）；放有餐巾纸和叉子的盘子；蒜头；盐和蒜椒香料；茶饮料；《中国剪纸》；厕纸；《中国生活年度报告》

丹尼斯

42 岁 | **鞋样设计师** | **上海**

"你年纪越大，
想要的东西
就越少。"

丹尼斯到访时，只带了个很小的行李箱，她舒了一口气，说道："这就像是轻装旅行，能做到这点我十分高兴！"她边解释边取出她前一天触碰过的物件。

丹尼斯在历史悠远的外滩滨水区开了一间名为苏州鞋匠的商店，商店制作 100% 纯手工的丝质中国便鞋。她开店的初衷是为了展现她所在的城市最为壮观的时尚年代和与那些盲目模仿的商品竞争。她总是把对祖母的怀念融入设计之中，她的项目还包括重新设计时尚的中国女性曾经佩戴的饰品。

丹尼斯身上穿的是她自己设计的衣服和鞋子。她把一天的时间花在画草图和从烹饪书《中国蔬菜》中寻找图案灵感。她对颜色和质地很敏感。因此，当她看到她 9 岁的女儿为她创作的画作时十分惊讶。"美丽极了。这些颜色与盘子和我晚上煮的意大利面很相配。"

丹尼斯将一天中所触碰的物件都拿出来后，停顿了片刻。"我的一个朋友去缅甸冥想，静坐了很长一段时间后，她开始感到自己来到了身体之外，她的灵魂看着她的身体。我现在也有这种感觉：摆放在那里的是我，与此同时，我在外面看我自己。我们很少有机会像这样审视自我。"

引人注目的物件

印有"慢"的黄字红底包：丹尼斯之所以制作这个包，是为了使人们注意到上海的行人在过马路时所面对的车水马龙。这是一个侧面佩戴的包，就像一个手握标识的交警会做的那样，提醒司机们慢行。

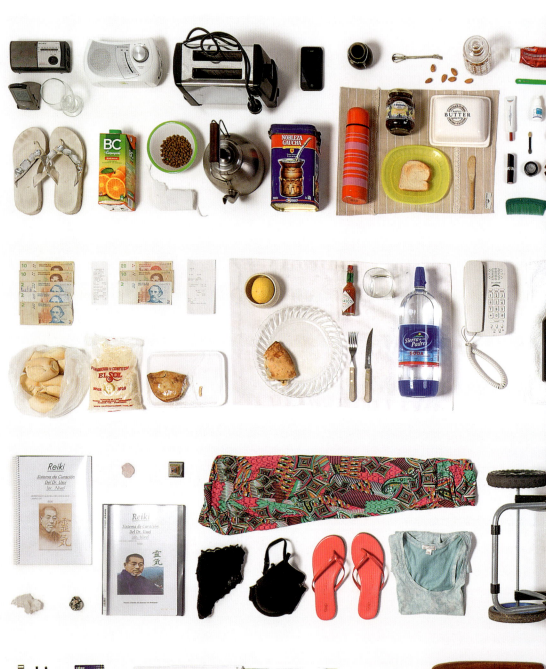

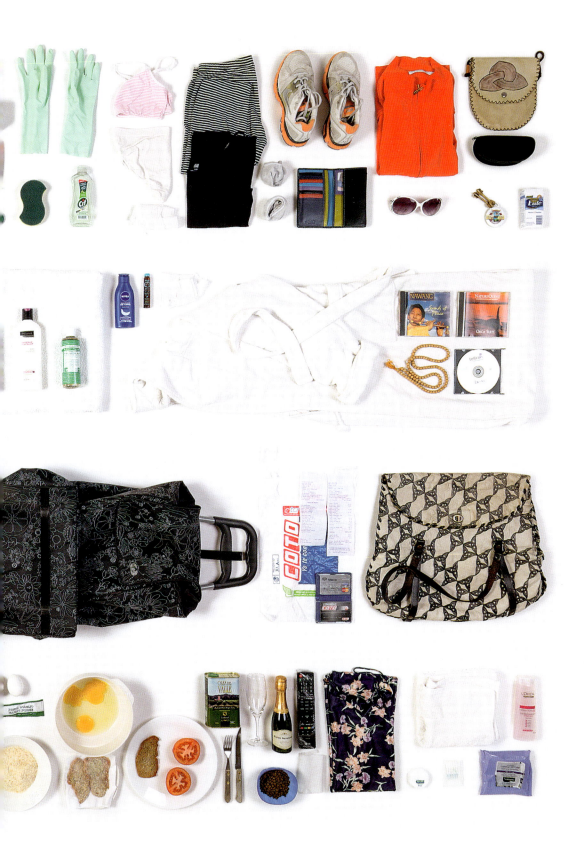

戴安娜·卡斯特罗于 2014 年 12 月 17 日（周三）所触碰的物件

第一排： 索尼收音机；闹钟；玻璃杯；人字拖；大发收音机；BC 坎帕诺拉橙汁；厕纸；百得烤面包机；放有猫食的碗；火炉烧水壶；iPhone4 手机；贵族高查巴拉圭茶；巴拉圭茶和吸管；杏仁和杏仁罐；餐具垫、宜家长颈瓶、果酱、黄油碟、木刀和放有烤面包片的宜家盘子；高露洁牙膏；牙刷；优色林眼霜；芮谜口红；眼药水；魅可眼影（×2）和敷抹器；优色林面霜；发夹；芮谜睫毛膏；梳子；洗碗手套；海绵；西夫洗涤液；普里马克文胸；盖普女士内裤；厕纸；优衣库紧身裤；H＆M T 恤衫；袜子；耐克运动鞋；钱包；塞得港开襟毛衣；太阳眼镜和眼镜盒；（由戴安娜制作的）皮包；钥匙和钥匙圈；精锐纸巾

第二排： 26 阿根廷比索；放在袋子中的面包卷；面包店收据；太阳牌面包屑；32 阿根廷比索；放在碟子中的肉馅儿卷饼；肉馅儿卷饼收据；餐具垫、放在碗中的柠檬、放在盘子中的肉馅卷饼、塔巴斯科辣椒酱、查蒙蒂纳叉子和刀、玻璃杯和列斯山脉苏打水；电信座机电话；毛巾、彩丝美洗发水和护发素及布朗纳液体皂；妮维雅保湿霜；阿尔甘油性头发护理液；厕纸；浴袍、那旺所著的《和平之声》、自然旅程的《奥卡·休尔特》、翻录的灵气疗法音乐和念珠

第三排： 灵气疗法课堂笔记（×2）；石英晶体（×3）；马丘比丘金字塔；从圣图尔斯一个市场买来的裤子；盖普女士内裤；朔勒文胸；盖普人字拖和 T 恤衫；宜家购物手推车；科托手提袋和收据（×2）；信用卡和放在塑料钱包中的科托会员卡；（由戴安娜制作的）皮包

第四排： 手表；项链；耳环；悠游交通卡；霍华德·斯波特司所著的《12 宫》；占星命盘、钢笔、铅笔和文件夹；托多·特内拉手提袋；放有刀、去骨牛肉和欧芹的木砧板；装有去骨牛肉的塑料容器；盐；鸡蛋（×2）；吉娅蒜泥；装有面包屑的盘子；装有打破的鸡蛋的碗；炸肉排（裹有面包颗粒的阿根廷牛肉），放在厨房用纸上；装有炸肉排和番茄的盘子；奥莱亚·瓦勒橄榄油；查蒙蒂纳叉子和刀；香槟杯；尼亚图·圣缇内香槟酒；装有猫食的宜家碗；（覆盖有保鲜膜的）LG 电视遥控器；厕纸；马赛拉·库欧瑞长睡衣；毛巾；欧莱雅护肤霜；GUM 洁牙线；牙签；露得清卸妆棉

戴安娜

62 岁｜退休｜布宜诺斯艾利斯

"这是我一生中
学习新事物的
重要时刻，
因为我有热情、
有毅力，
还有时间。"

我认识戴安娜已有多年，她是我睿智的母亲。

有时，我们在成年后所触碰的物件会发生天翻地覆的改变。戴安娜还在银行工作时，是断然不会触碰她现在触碰的多半物件，比如灵气疗法书籍和 CD、念珠、石英晶体、占星书等。"我 30 年的全职工作经历充满了成就和赏识，我的自尊因此受到抚慰，但我花在自我和自我灵性发展的时间为零。过去，我心里总想着去做一些事，但我不理解它们是什么。"

不仅物件会改变，我们对物件的行为和态度也会不同。当我们的生活发生改变时，我们也会从新的角度触碰物件。戴安娜另外一半物件一直在那里，但她曾经太忙了，没法像现在这样摆弄它们。这些物件代表了她生活中简单的快乐：在家中吃早饭、烹饪、看电视。"我突然发现自己退休后有时间去思考。我开始生活得更好，思考一些我愿意做的事情，吃好，每天步行 6 公里，保养自己。我不再吃药，睡眠就像一个十来岁的少年一样好。"

她的人生观鲜活而年轻，这从她的穿着和饰品中就可以看出。但她也有她那个年龄段的人所特有的习惯和会触碰的物件：购物车、固定电话、闹钟、收音机和用保鲜膜覆盖的遥控器。

引人注目的物件
两台收音机：黑色的那台放在卧室里，戴安娜在起床前一直收听；白色的那台放在厨房里，这样她就可以在吃早饭时继续收听同一个节目。

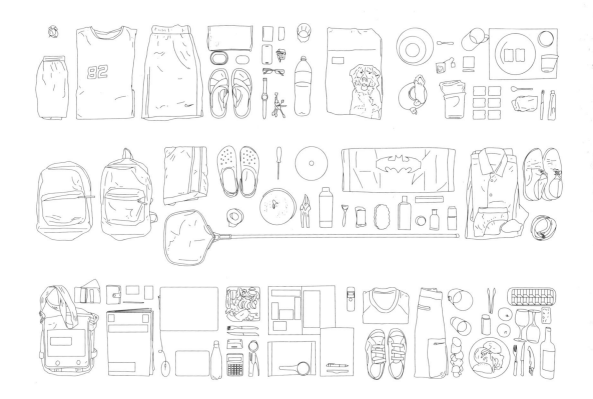

埃德华多·祖科蒂于 2014 年 12 月 16 日（周二）所触碰的物件

第一排： 闹钟；男士平角内裤；普里马克 T 恤衫；耐克短裤；毛巾；肥皂盒；甘油肥皂；皮质凉鞋；药物（×2）；三星 S3 手机；手机充电器；眼镜；斯沃奇手表；钥匙；玻璃杯；飞雪饮用水；米拉狗粮；碗；火炉用水壶和布；勺子；马克杯；塔拉卫茶包和香囊；放在塑料罐中的宁静之城牛奶；餐具垫、放有赛瓦多·巴格利薄脆饼干（×2）和奶油干酪的盘子；赛瓦多·巴格利薄脆饼干（×6）和包装；勺子；牙刷；高露洁牙膏

第二排： 儿子们的杰斯伯背包（×2）；耐克短裤；卡骆驰鞋子；厕纸；螺丝刀；弗科拉氯粒和盖子；修枝剪；弗科拉净化剂；蝙蝠侠毛巾；剃须刀；放在肥皂盒里的甘油肥皂；海绵；卡比兰蒂斯洗发水；朗格梳子；发蜡；老板香水；阿克塞除臭剂；池塘打捞网；飒拉男士衬衫和裤子、男士内裤和袜子；地下室牌皮鞋；腰带

第三排： 盖普包和移动之星账单；钱包和钱；日记本；悠游交通卡；钢笔；办公室钥匙卡；《纪事报》商业报纸；东芝笔记本电脑；鼠标；萨切科鼠标垫；比亚维森西奥矿泉水；装有鸡肉和沙拉的盘子；叉子和刀；打孔器；卡西欧计算器；放在塑料杯中的咖啡；订书机；股市复印文章；股市数据单和放大镜；手写便条和钢笔（×2）；松下无绳电话；耐克 T 恤衫；卡特彼勒鞋子；耐克短裤；冰桶；装有无糖可乐的玻璃杯；薯片；装有肉馅卷饼、番茄和洋葱沙拉的盘子；夹子；盐；橙子；苹果；冰块盘；酒杯（×2）；查蒙蒂纳叉子和刀；开瓶器；药；罗亚鲁道红酒

埃德华多

64 岁 | 经济学家
| 布宜诺斯艾利斯

"同一份工作
我干了有 25 年。"

这是布宜诺斯艾利斯炎热的夏季，早晨 7 点，就让人感到仿佛已到了正午。埃德华多起床、穿衣、服药，随后喂狗。多年来，他都吃同样的早饭：全麦薄脆饼干。他送他的一对双胞胎儿子——佛朗哥和吉多——去学校，学校离他家有三个街区。于是，他回家继续干他的活儿，直到准备好去工作。他清洗新的游泳池，并说："这个泳池还是崭新的，因此我还有热情在早高峰前做这件事。"

埃德华多准时上班。他在金融区微中心工作。"数字是我的心头好。"他说，"同一份工作我干了有 25 年。"他曾经是中央银行的职员，上世纪 90 年代，他成了一位经纪人，还为当地的金融报纸《金融日报》撰写每日专栏。"对我而言，唯一的改变是，以前的一切都更正式。而现在的一切都更轻松：我无须再穿抛光的皮鞋和西装。我发觉一切都变得更随意，时间也更灵活了。"

从公文包到办公室无绳电话，这是他花在工作上的时间。他一天中的八个小时大约是花在照片中六分之一的物件上。虽然他的工作压力大，但他生活得热情满满、精力充沛。

他是我可爱的父亲。

引人注目的物件
1979 年美国版《宏观经济学》：这本书没有在埃德华多的一天中出现，但我从小就看着他把这本书夹在胳膊肘下。谈起物件和它们的意义，看到他总是读这本书，并试图解释给我听，我就深受启发。小时候，我们一家曾在华盛顿住过一段时间，父亲就是在那时候购买了这本书。

松野荣太郎于 2015 年 2 月 20 日（周五）所触碰过的物件

第一排：睡衣；iPhone4 手机；可伶可俐牙膏；牙刷；护手霜；妮维雅男士控油乳液；索尼电视遥控器；筷子；饭勺；装有味噌汤的碗；装有米饭和作料的碗；装有熏鲭鱼的碗；苹果笔记本电脑；签字笔；自来水笔；皮质笔袋；记事本；带有磁性保护壳的苹果平板电脑；湿巾盒；袜子；无印良品 T 恤衫；牛仔裤；肯特衬衫；全色彩的贝纳通针织套衫；钱包；旅游通行证；纸面罩；铅笔盒；乐谱；皮质小手提包；帕斯莫预付款交通卡；钱包和钥匙；占董表；靴子；维塔游戏机和保护壳；便携式游戏机；缔太鼓；《朝日周刊》杂志；有包装的三明治；索尼游戏机操控盘；电脑游戏；小林启一所著的《御宅大冒险》；用来存放润肤液、洗发水和护发素的无印良品化妆容器；希克刮胡卫士剃须膏；剃须刀；毛巾；粉底；条状粉底（×2）；白粉末艺伎粉底；黑克白色刷子（×2）；刷子（×5）；多兰脸彩（×3）；唇膏；眼线笔（×3）；镜子；口红；多兰脸彩（×3）；毛巾；唇膏（×2）

第二排：和服长衬衣（和服内衣）；伊达狭腰带（腰带）（×3）；日本式短布袜（大拇指分开）；系和服的细腰带（臀带）（×2）；艺伎和服和腰带（饰带装饰）（×2）；直立摆放的岛田髻假发；木屐；簪子（×2）；出租车发票和手试（传统的棉布片）（×2）；手试；啤酒玻璃杯；名片和手试；缔太鼓；鼓槌；出租车发票；丝绸扇子套（×2）；扇子（×2）；山羊绒裹腹；护手霜；润唇膏；睡裤；无印良品 T 恤衫；冰激凌牌带帽上衣

荣太郎

32 岁 | 艺伎 | 东京

"我的人生目标
是实现
我母亲的梦想。"

荣太郎的物件体现了从现代阳刚之气向传统阴柔之美的转变。荣太郎的母亲曾是个艺伎，她年轻时因患癌症过世，留下荣太郎掌管家族艺伎馆。这个叫作松野置屋的艺伎馆曾经生意兴隆，家里好几代人都投身于此。

100 年前，日本有超过 8 万名艺伎。现在，这个数字在 1000 左右。变化的经济和公司制的娱乐政策使得人们负担不起这项昂贵的娱乐项目。荣太郎的母亲背负着振兴家族生意和传承传统艺术的使命，她过世时，给荣太郎留下一个妹妹和有 10 名艺伎的艺伎馆。

荣太郎知道如何表演，他曾经边辅助母亲边学习。"我在 8 岁时学会了艺伎舞蹈，当有员工缺席时，我母亲就让我做替补。"

午后，他在家里读杂志、玩电子游戏，直到开始准备表演的行装。他曾多次看过母亲如何化妆，现在就遵循她的步骤。"我喜欢用这面镜子，这是她的，"他说。他穿衣有条不紊，随后再戴上假发。

荣太郎是唯一表演女性角色的男性演员，这让他大受欢迎，也帮助他维系母亲的产业，重振这门正在消失的艺术。

引人注目的物件
镜子和假发：荣太郎十分珍视这两样物件，因为它们是母亲留下的。

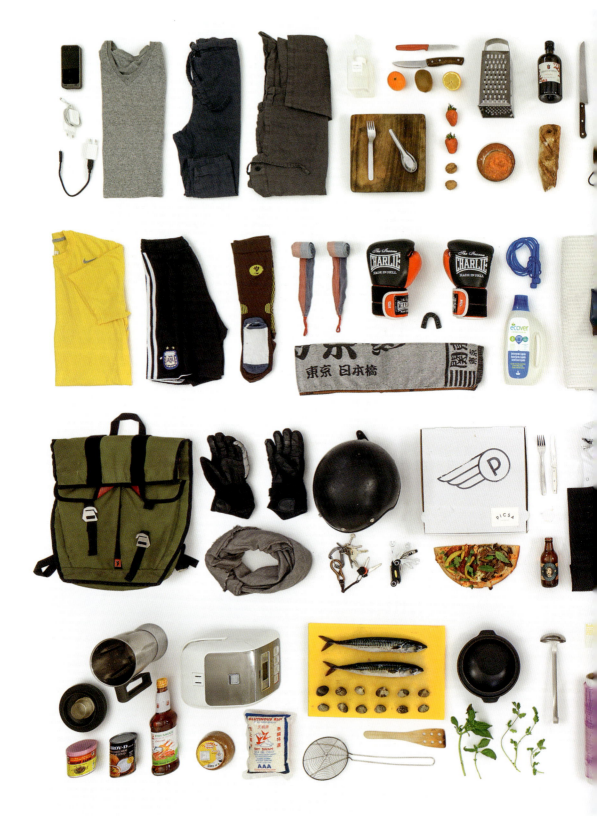

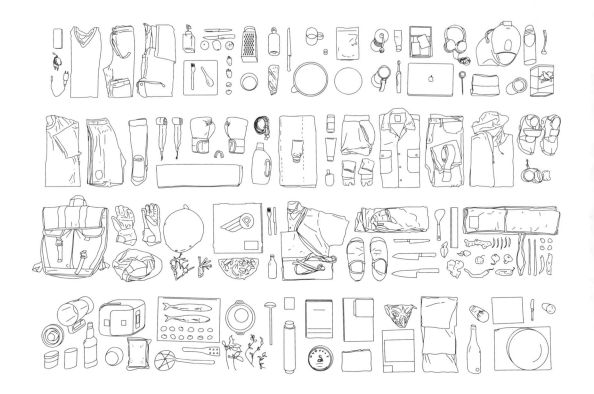

埃斯塔尼斯劳·卡伦佐于 2015 年 3 月 23 日（周一）所触碰过的物件

第一排： 配有手机壳的 iPhone5 手机和充电器；插头适配器；优衣库 T 恤衫；无印良品裤子；无印良品睡衣上装；"像个男孩"洗手液；瑞士军刀和宜家切割刀；橙子；猕猴桃；放有叉子和勺子的木砧板；半个柠檬；草莓（×2）；胡桃（×2）；锉刀；装有番茄果泥的金属碗；格里农侯爵庄园橄榄油；面包；面包刀；托马咖啡马克杯；铁烤锅；绿柏薇洗碗机药丸；混合桑托托马咖啡袋；宜家盘子；哈里欧咖啡磨豆机；宜家咖啡壶；高露洁牙膏和布朗电动牙刷；写有笔记的 2015 年日记本；苹果笔记本电脑；索尼耳机；Oxo 厨房用温度计；松下电动保温壶；威廉斯抹布；马黛茶；贴有圣洛伦索足球俱乐部贴纸的长颈瓶；马黛茶吸管；帕哈里托马黛茶罐

第二排： 耐克 T 恤衫；阿根廷足球短裤；袜子和护膝绷带；拳击护手绷带（×2）；地狱狂人查理拳击手套；艾华朗护唇；寅一牌毛巾；锐步跳绳；益康威洗碗液；詹妮弗牌伊斯坦布尔土耳其浴室毛巾；瑞秋兹液体皂；地球科学茶树和薰衣草天然除臭剂；乔瓦尼定型发胶；"像个男孩"2 男士淡香水喷雾；无印良品男士内裤；寅一日本式（分趾）布袜；帝客衬衫；雷德利巴西牛仔裤和俄国水手腰带；克洛姆连帽衣；耐克空气裂谷运动鞋；狗绳

第三排： 克洛姆背包；城市啄木鸟摩托车手套；COS 围巾；头盔；钥匙和安全扣钥匙圈；托皮卡外星人自行车工具；匹克萨盒子和半个比萨；叉子和刀；拉比尔亨啤酒瓶；东南风餐厅印有主厨姓名的工作衬衣和围裙；主厨穿的裤子和主厨喜欢的鞋子；各种各样的日本刀（×3）；分菜用勺；有次刀具盒；卡菲尔酸橙叶（×2）；生姜；放刀具用的包；高良姜；红辣椒（×5）；红圆辣椒；洋葱（×2）；干辣椒（×2）；柠檬草茎（×2）；大蒜瓣（×4）；红辣椒；干辣椒

第四排： 料理机的盖子和机身；虾酱；安来利椰子汁；鱼露；东芝电饭煲；甘蔗；糯米；放有鲭鱼（×2）和蛤蜊（×12）的塑料砧板；木锅铲；网勺；上菜用锅；罗勒叶子；香菜叶；分菜用勺；东南风餐厅名片；保鲜膜卷；桑德尔·埃利克斯·卡茨所著的《发酵的艺术》；茶叶；拉比尔亨项目笔记和婵果·斯巴修克的 CD；带有注释的纸；由秘鲁一个手艺人所制的普诺面具；《全身营养》杂志；威士忌和苏打品牌围巾；水杯；白色命运红酒瓶；在阿扎勃尔餐馆进餐时用的菜单、黄油刀、餐具垫、盘子和咖啡杯

埃斯塔尼斯劳

41 岁｜主厨和餐厅经理｜马德里

"你饿了吗，
你有食欲吗？"

埃斯塔尼斯劳是震惊布宜诺斯艾利斯和马德里美食界餐馆幕后的主厨。他和合伙人帕布鲁·盖迪斯一起，将东南亚菜式和他们自创的中西菜式引入时髦而低调的东南风集团，二人一度是挑战传统的布宜诺斯艾利斯人和马德里人味蕾的先行者。美食家和高端人士都会前往埃斯塔尼斯亲自下厨的餐馆用餐。

目前，埃斯塔尼斯运营七大美食项目，其中包括一家啤酒厂和几辆流动餐车，他在厨房度过的时间也不像以前那么多了："现在我把更多的时间花在设计菜谱上，主要是调查、研究和试验。"他骑着他的那辆小型摩托车穿梭在马德里的街头，会突然来到他的任意一家餐馆的厨房里尝试新的点子。

"当下，人们过多地强调口味，为口味而吃饭，我把这种情况称之为'胃口的娱乐'，这对更原始的饮食而言是一种摧残。我想看到人们仅仅是为了填饱肚子而来，为享受吃这个行为而来。仅仅为嘴巴找些乐子是不够的，因为很多事都已经改变了。"

埃斯塔尼斯是个阿根廷人，有三样物件能突出这点：马黛茶具、长颈瓶上的圣洛伦索足球俱乐部贴纸和足球短裤。他还是个日本服饰迷，因为他在东京做过一阵子厨师，从那时起，他就迷上了亚麻布、毛巾、刀、日式布袜和"像个男孩"品牌服饰。

引人注目的物件
匹克萨的比萨和盒子：意大利人将比萨带到阿根廷，而埃斯塔尼斯则将阿根廷人对意大利比萨的理解带到了马德里。

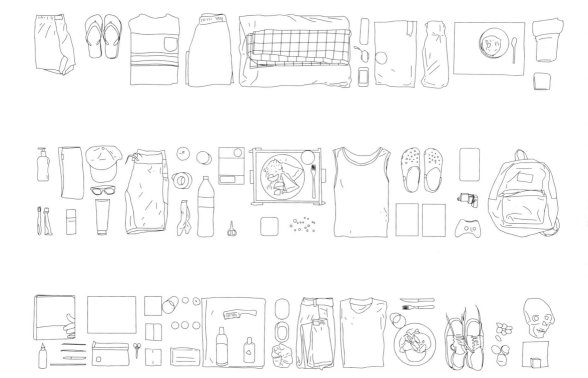

佛朗哥·祖科蒂于 2014 年 12 月 19 日（周五）所触碰过的物件

第一排： 凯文斯通平脚短裤；哈瓦那人字拖；阿迪达斯阿根廷足球上衣；耐克短裤；枕头和床单；飞利浦电视遥控器；手机充电器；配有绿色手机壳的三星手机；麦片粥；宾博面包；餐具垫、勺子和装有牛奶麦片粥的碗；装在塑料罐头中的宁静之城牛奶；面包片

第二排： 法尔马西缇灭菌洗手液；牙刷；埃尔吉丹美白牙膏；毛巾；阿克塞除臭剂；贝瑟尔帽子；范斯太阳眼镜；维希 SPF30+ 防晒霜；男士游泳裤；苹果；厕纸；雀巢巧伴伴冰激凌包装纸；塑料杯子；比亚维森西奥矿泉水；博莱廷学校成绩单；指甲剪；托盘、杯子、叉子和放有蔬菜开口馅饼、番茄、莴笋和卷心菜沙拉的盘子；赫尔加尔蓝莓和包装盒；DC 鞋业背心；卡骆驰鞋子；乔纳·卢姆橄榄球挑战赛电子游戏；实况足球 2012 电子游戏；三星银河 2 平板电脑；带有多功能插头的平板电脑充电器；微软家用电视游戏机操控板；杰斯伯背包

第三排： 博卡青少年运动员文件夹；胶水；画笔（×3）；三福钢笔；艺术项目拼贴画；曼彻斯特联队铅笔盒；剪刀；格拉泽纸页（×2）和包装袋；塑料烧杯；饼干（×5）；传统阿根廷点心；放有梳子、洗发水和护发素的毛巾；肥皂和肥皂缸；搓澡团；裤子；凯文斯通平角短裤；T 恤衫；塑料烧杯；查蒙蒂纳刀和叉子；装有肉馅卷饼和番茄洋葱沙拉的盘子；DC 鞋业运动鞋；奶酪球；薯片；骷髅面具；生日蛋糕和纸巾

佛朗哥

12 岁 | 布宜诺斯艾利斯

"我想知道梅西
一天中碰过
什么东西。"

佛朗哥是"梅西一代"。他是阿根廷人，热爱足球，从小就看着他的偶像为国家队冲锋陷阵，知道梅西在一天中都干些什么会使这个孩子进一步了解这名球星，他可以了解到梅西每天做了什么事情从而成为现在的梅西。"他吃了什么？他什么时候休息？他是怎么训练的？他不训练时又干些什么？"佛朗哥自言自语。

正值 12 月，学校已放假。这是暑假的第一天，佛朗哥比往常醒得都晚。他穿上短裤，整理好床铺，抓起手机，下楼去看电视、吃早饭。

这一天的太阳火辣辣的，于是他涂了一些防晒霜，跳进花园后面新建的游泳池里。这是他得以在早上游泳的第一个工作日——到目前为止，我还没看到什么物件：他不需要玩什么玩具，从泳池中跳进跳出十来次是最基本、也是最有趣的事。

佛朗哥吃完一个苹果和一个冰激凌后，就和双胞胎弟弟吉多碰头，准备在屋子里吃午饭。请把书翻到第 101 页，看看他们接下来会干些什么……

引人注目的物件
博卡青少年运动员文件夹：这是佛朗哥所居当地的足球队所使用的。

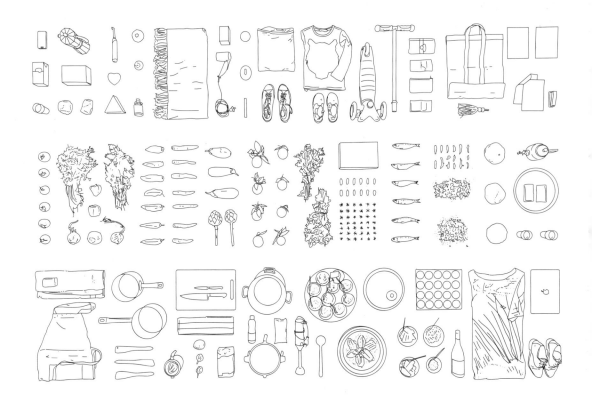

姬玛·范·德·布格特于 2015 年 4 月 24 日（周五）所触碰过的物件

第一排： 三星 S3 手机；牛奶；玻璃杯；炉顶牌咖啡机；考修莫糖；法式巧克力面包（×2）；布朗·欧乐 -B 电动牙刷；玫瑰香皂和盒子；钩针编制的搓澡巾；赤陶土搓脚器；柏柏尔遗产室内香氛；纯棉毛巾；天然散沫花染剂；飞利浦佛罗里达旅行吹风机；阿克·伐西天然唇膏；发刷；基科双头唇彩；麦克斯＆让上衣；匡威全明星运动鞋；儿子的 H＆M 上衣；儿子的鞋；儿子的小型滑板车；钱包（×2）；200 迪拉姆纸币（×2）；购物袋；钥匙和钥匙圈；露天美食传单（×2）；露天美食食谱；订书机

第二排： 番茄（×6）；一束香菜和土茴香；红椒和黄椒；欧芹；洋葱（×3）；长青椒（×7）；胡萝卜（×7）；茄子（×3）；朝鲜蓟（×2）；橙子（×8）；煮茶用的一束混合草药；煮茶用的一束薄荷；扎古拉绿洲枣（×12）和盒子；八角茴香（×42）；沙丁鱼（×6）；姜黄根粉（×15）；摩洛哥混合香料；甜辣椒粉；面包（×3）；壶嘴系有薄荷的茶壶；放有特殊火药牌茶叶的托盘（×2）；玻璃杯（×2）

第三排： 放有天然香皂的毛巾；露天美食围裙；平底锅（×2）；锅铲（×3）；放有刀（×2）的砧板；抹布；榨汁机；柠檬；蒜头（×2）；蒸粗麦粉；滤器和平底锅；苏斯旱谷橄榄油；盐；筛子；布朗手持搅拌机；托盘和放有桂皮、孜然、姜黄根粉、生姜粉、胡椒粉、甜辣椒粉、辣椒、茴芹籽、芝麻籽和食用色素的碗（×10）；放有煮好的食物的摩洛哥陶锅和盖子；放有杏仁饼干（×8）的焙烤浅盘；放有秋葵的碗；放有番茄的碗；放有混合香料的碗；玫瑰红酒；基利恩·克内连衣裙；苹果笔记本电脑；飒拉品牌鞋子

姬玛

48 岁 | 主厨 | 马拉喀什

"我围绕着
我所爱的一切
打点生意。"

姬玛无法抗拒马拉喀什。她住在荷兰那会儿，一有机会就会游历这个城市。终于在十年前，她选择在此定居。作为一名厨师，她被这里的菜市场深深吸引：烹饪原料、香料的色彩和香味。她的热情如此高涨，以至于她决定用毕生的精力经营一项生意：她既可以为游人做饭，又可以将露天市场的瑰宝展现给他们。

"你需要切身经历一下这个地方的氛围。观察四周后，你会发现没有什么东西是固定和符合常规的。这种氛围与人们的话语、衣着，周围的声音和颜色有关。而正是这一组合使我得以享受每一天。"

姬玛送儿子上学后，会在德吉玛广场接待客户。她递给他们一个钱包，里面装着当地的货币。她还会给客户们一个空的购物袋和一张菜谱烹饪原料的清单。"有目的地穿梭于露天广场，来到那些很难找到的巷子，游人们可以通过这种方式来认识马拉喀什，再用另一种方式审视它。"

随后，她将客户带到家中有摩洛哥式豪华建筑的空旷庭院里，教授他们烹饪传统的摩洛哥食物，煮新鲜的食材，喝薄荷茶。

引人注目的物件

阿克·伐西：柏柏尔妇女从罂粟花和石榴中提取原料所制作的天然唇膏。

勺子和碗：姬玛用心地摆放勺子，她说："勺子不能放在食物的旁边或是里边。勺子是用来进食的，而不是用来糟蹋食物的。"

吉多·祖科蒂于 2014 年 12 月 19 日（周五）所触碰过的物件

第一排： 睡裤；凯文斯通男士平脚裤；卡骆驰鞋子；钢笔和写有"我所触碰的一切"字样标题的纸；垫子；麦片粥；厕纸；宁静之城牛奶；塑料罐；勺子；飞利浦电视遥控器；餐具垫和装有牛奶麦片粥的碗；《社会科学 6》教科书；手机充电器；《英语附加课程》教科书；配有蓝色手机壳的三星手机；杰斯伯背包

第二排： 胶水；灭菌凝胶；博莱廷学校成绩单；灭菌洗手液；高露洁牙膏；牙刷；家乐福袖珍包面纸；毛巾；阿克塞除臭剂；梳子；DC 鞋业 T 恤衫；短裤；H2OH! 柠檬牌柠檬汁和水；苹果；装有肉馅卷饼和胡萝卜、番茄、鸡蛋和莴笋沙拉的盘子；杯子；叉子；微软家用游戏机操控盘；实况足球 2012 电子游戏机；帕尼尼 2014 世界杯贴纸册；指甲剪；阿迪达斯布拉祖卡足球；冰激凌和勺子；耐克毒蜂足球鞋

第三排： 波托西笔记本；指南针；剪刀；荧光笔；铅笔盒；铅笔；橡皮；卷笔刀；塑料烧杯；夹心饼；毛巾和洗发水；放在肥皂盒中的肥皂；搓澡团；T 恤衫；裤子和凯文斯通男士平脚裤；厕纸；塑料杯；放有肉馅卷饼、番茄洋葱沙拉、查蒙蒂纳刀和叉子的盘子；七喜；耐克运动鞋；盖普带帽上衣；舞会面具；薯片；奶酪球；放在纸巾上的生日蛋糕

吉多

12 岁 | 布宜诺斯艾利斯

"我想知道
一个航天员
在一天中
都触碰些什么。"

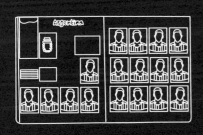

午饭过后，吉多和他的双胞胎哥哥佛朗哥（见 93 页）一起在微软家用游戏机上玩橄榄球和足球电子游戏。等到阳光不那么灼热时，他就穿上足球鞋在花园里踢球。吉多在那里搭了个球门，兄弟俩能煞有介事地训练好几个小时。

随后，吉多把一些学习用品整理好。他有一阵子会不需要这些东西，因为在阿根廷，孩子们的暑假长达三个月。他坐下吃起了巧克力和牛奶夹心饼（一种供孩子们吃的特色午后茶歇），在手机的通信应用程序上和最好的几个朋友聊起了天。其中有个女孩在那天晚上会办一个生日派对：主题是每人都要戴一个面具。

人们会因派对感到激动，一是出于派对前的期待，二是出于派对后的照片分享应用，后者会让这个派对的影响力再持续一天。吉多洗了个澡，在家吃过晚饭后就出发了！

拍摄的当天，我和吉多谈论起这本书。他告诉我他很想知道一个航天员的一天是如何度过的，他戏谑地谈起了零引力对照片会有何种影响·"想象一下航天员从太空将他所有的物件都扔向你！不，说真的，要是能看到他们碰过的制服、食物甚至一切东西就太棒了。"

我希望有一天我能向他俩展示梅西和一个航天员所触碰的物件。毕竟，他俩是我可爱的双胞胎弟弟。

引人注目的物件
帕尼尼世界杯贴图册：由吉多和佛朗哥共同完成，他俩对此引以为豪。

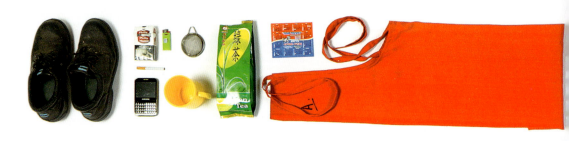

以赛亚·里默于 2014 年 12 月 18 日（周四）所触碰的物件

第一排： 男士内裤；托多牛肉制服 T 恤衫；毛巾；肥皂；欧乐－B 牙膏；高露洁牙刷；契瑟林勋爵发胶；厕纸；舒耐奶油除臭剂；帕姆佩罗工作裤；阿迪达斯袜子；托多牛肉统一长袖运动衫；阿迪达斯包

第二排： 工作鞋；菲利普·莫里斯香烟盒、比克打火机和香烟；三星 GT–B7519L 手机；滤茶器；马克杯；绿茶；托多牛肉磁性日历；工作围裙；磨刀石；挂肉钩（×2）；屠夫用刀；磨刀机（×2）；商店票号；臀肉牛排；法兰克福熏肠（×2）；黑香肠（×2）；猪排；小刀；全鸡；拔毛器

第三排： 培根；肋条肉（肋腹）；商店票号；刀；牛排；香肠圈；牛排；小型辣味香肠；塑料袋卷；布；马黛茶具；千层酥皮；带型锯片；吊钩；圆形的黑香肠；牛小排；肾；辣味香肠（×2）；挂肉钩（×3）

第四排： 科多超市购物袋；火腿和奶酪三明治；收据；布；葡萄柚口味饮料瓶；商店票号；绞肉机配件；肉馅和塑料袋；印有"托多牛肉"的手提袋；小肠；胰脏；肝；辣味香肠（×2）；剁碎的小牛腿；挂肉钩；面包粉裹牛肉；面包粉裹汉堡；计算器；悠游交通卡；比克钢笔；美洲牌笔记本；毛巾；哈瓦那人字拖；裤子；T 恤衫；男士内裤；莴笋；装有鸡肉的盘子；叉子和刀；面包；番茄；海尔曼蛋黄酱；塑料杯；佛南布兰卡酒；香烟；可口可乐

以赛亚

28 岁 | **屠夫** | **布宜诺斯艾利斯**

"我工作中
最有意义的环节
是给建议：
顾客在
买多少肉时
总是需要
我的建议。"

正值 12 月，对以赛亚而言，这是一年中忙碌的时节。人们大清早就排队购买用于圣诞节和新年烧烤的肉。阿根廷是世界第二大红肉消费国，因此，这名屠夫是值得你交个朋友的。

早上五点，以赛亚背着包，拿着手机，在赫灵汉姆家门口的拐弯处等屠宰场的送货车。他的同事们都住在附近，因此，他们每天一起乘车前往阿卡苏索的托多牛肉屠宰场。"旅途中总是一片欢声笑语，我整天都和这些家伙在一起。"他说。

喝过一杯绿茶，他就准备开工。他到十一点才能吃上早饭，他和同事们轮流去隔壁的面包房买糕饼。

以赛亚当屠夫已有十多年，是朋友和家人公认的户外烧烤能手。"我可不是自吹自擂——问我身边的人吧，人人都这么说。"他说，"我周日休息，那天我总会为朋友和家人做饭。"

旺季意味着以赛亚直到深夜才能回家。通常，他晚上会踢会儿足球，随后玩会儿游戏机。但在 1 月份之前，他的这些活动都只能作罢。晚饭过后，他会喝上一杯最爱的费尔耐特古柯饮料。

引人注目的物件

马黛茶茶具：这个多合一的马黛茶茶具总是放在屠宰场柜台上，以赛亚的旁边。

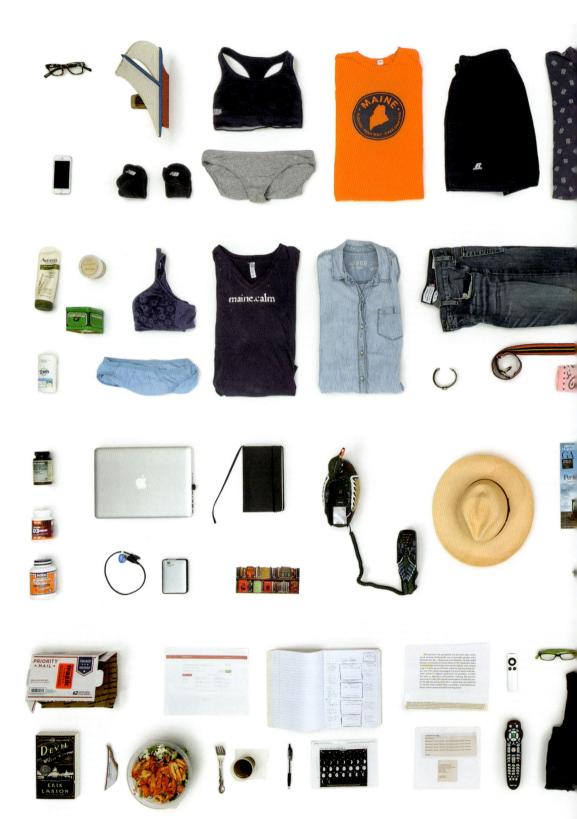

扬·利比于 2015 年 3 月 30 日（周一）所触碰过的物件

第一排： 艾鲍勃斯眼镜；iPhone6 手机；木质船型门挡；新百伦袜子；运动文胸；维多利亚的秘密女士短裤；曼恩 T 恤衫；罗素运动短裤；盖普 1969T 恤衫；亚瑟士运动鞋（此处用手绘作品代替）；KCRW 马克杯；莫克西帽子；挂在卡柄环吊坠上的钥匙；狗绳；环保拾便袋；耳机；无线腕带；苹果音乐播放器；汤姆家牌牙膏；牙刷；戴尔肥皂；法兰绒布；毛巾

第二排： 艾维诺每日保湿霜；汤姆家牌天然无铝除臭剂；艾凡达防脱发剂；皮肤香膏岩羚羊霜；文胸；女士内裤；曼恩沉静 T 恤衫；盖普牛仔布衬衫；幸运品牌牛仔裤；时髦高级定制手镯（由佛洛·明顿制作）；纤维织品腰带；佩斯利印花头带；匡威全明星运动鞋；洗衣袋；抉择红茶袋、香包和茶袋；有机山谷全脂牛奶；毕兹咖啡和马克茶杯；365 有机葡萄干；365 有机燕麦；有机肉桂；365 碎核桃；放有燕麦和葡萄干的碗

第三排： 全食超市每日保健品；杰诺配方维生素 D3；新柠檬酸镁维生素；苹果笔记本电脑；微型 B 电缆通串线；西部数据我的护照便携式硬盘；仿鼹鼠皮笔记本；书签；鸭子形状座机；草帽；《花园与枪》杂志；艾鲍勃斯太阳眼镜；米契·霍洛维茨所著的《玄妙的美洲》；木质驼鹿形状万年历；丹尼尔·米奇和埃德温·艾贝曼所著的《电影故事的技巧》（翻开状态）；木质数字块（×2）和木质月份块；黑面包；水晶高山泉水；放在盘子上的黑面包片；玛拉·那萨全天然黄油；好妈妈野生蓝莓果酱；黑面包片；刀

第四排： 优先邮件盒和开封带；埃里克·拉尔森所著的《白城恶魔》；外卖跑腿烤鸡肉串和地中海沙拉；外卖跑腿送货单；叉子；放在纸巾上的冰茶；笔记本；圆珠笔；月运周期；调查笔记和剪辑（×3）；苹果遥控器；威瑞森遥控器；艾鲍勃斯眼镜；无袖羽绒服；网球（×2）；环保拾便袋卷和袋子；扬的狗在沙滩兜风时发现的太阳眼镜；K9 格兰诺拉燕麦卷工厂南瓜口味燕麦片和袋子；埃瑞璜有机低脂蜂蜜全麦粉和包装；J. 克鲁睡衣上装；格莱德薄荷洁牙线；厕纸

扬

48 岁 ｜多媒体体验设计师和作家
｜洛杉矶

"我过去是个画家，
我将自己的创造力
在电脑上
展现出来时，
一切都变得
更简单了。"

今天对扬而言，是不错的一天。

"我写了很多字。"大多数日子，她都在圣莫尼卡的家中工作。她晨跑，和她的狗弗莱彻在沙滩漫步。扬把时间花在做独立的项目上，有时是为大型电视节目创作幕后故事。

"我的任务是在首映前把一个电视节目里的世界介绍给潜在的粉丝。我会从试播集和剧本开始，基于故事的情节和人物去创作一个前传。随后，我通过创立游戏和对话让这个前传在网络上火起来，让潜在的观众在剧集播出前同这个故事互动。"

写作是扬的工作重心，她为此精简了自己的生活。"我几乎总穿牛仔裤和衬衫。我有自己的制服，这意味着我无须为每天穿什么而烦恼，我能将脑力放到创作上去，这是需要占据我精力的方面。"这一点是她从马克·扎克伯格那里学来的。

扬的工作要求她每时每刻都去思考周围的物件。"写作的魅力在于我要去斟酌该花多少笔墨在单个物件上，要么控制和缩短叙事，要么让读者动用自身的想象力，他们的想象通常是由自己的记忆引发的。"

引人注目的物件

《玄妙的美洲》和为《雪镇》而去研读的月运周期表：《雪镇》是一部互动的融入式幻想作品，背景设置在缅因州的乡村。"我要为这个小镇写个神话，这要求我研究月运及其对人物行为产生的影响。"

杰恩·福斯特于 2015 年 3 月 28 日（周六）所触碰的物件

第一排： iPhone5 手机；睡衣裤子；北面 T 恤衫；英迪格长袖运动衫；笔记本；中性笔；火炉用水壶；毛皮室内便鞋；波顿法式咖啡壶；贾斯特咖啡加盟冷泡咖啡；厕纸；马克杯；葡萄干麦片；费奇 2% 希腊酸奶；巨人牌草莓；三叶草 1% 含脂乳；茶匙；自然熟蓝莓；《红秀》杂志；装有草莓和蓝莓的碗；PG 贴士茶袋；碗和勺子；茶壶；艾凡达洗发水和护发素；米瑟德洗手液；珂诺诗沐浴露；浴巾和利伯蒂洗漱包；牙刷；高露洁牙膏；剪刀；欧乐–B 洁牙线；珂诺诗薄荷茶身体乳；隐形眼镜；妮维雅纯净无形除臭剂；摩洛哥坚果树油；束发带；发刷；发夹；像个男孩浓香水

第二排： 耐克运动文胸；运动紧身裤；耐克翻口短裤；耐克运动背心和 T 恤衫；科尔文布料靠垫（×2），一个是折叠状态（由杰恩制作）；耐克运动鞋；名片（×2）；猫砂盆铲子；厕纸；戴森吸尘器；耐克连帽防风衣；至上旅行包；黑钻石登山背带、安全钩和系绳点；猛犸象镁粉袋；攀爬中心会员卡；登山鞋；各种各样的攀岩把手（×3）；登山绳（始端）

第三排： 登山绳（末端）；各种各样的攀岩把手（×8）；装有杯子（×4）的外卖咖啡托盘；皮制钱包；11 美金；皮德蒙特杂货店包；比基尼上衣和短裤；钥匙和乐高《星球大战》突击队员钥匙扣；马克·雅各布斯牛仔衬衫；T 恤衫；法国盖世冰盒；巴塔哥尼亚外套；古驰太阳眼镜和眼镜盒；玛百莉手提包；冰袋；匡威全明星橡胶底帆布鞋；凯斯·金德斯顿野餐包

第四排： 卷起的毯子；放有佩莱格里尼玫瑰红酒（×2）、玻璃杯（×3）、开瓶器、阿珂姆面包纸袋、鳄梨、面包刀、自制刀鞘、砧板（其上放有拖鞋面包、芝麻菜、樱桃番茄）、印度番茄酱、罗伯托墨西哥鳄梨酱、青橄榄（×6，放在餐巾纸上）和德·卡布樱桃番茄的毯子；毛巾；长袖运动衫；刀和叉子；装有鱼、土豆条和豌豆的盘子；香槟杯；木栓；玛卡意大利普罗赛柯起泡酒；亨氏番茄酱；服务铃（用来唤猫吃饭）；猫头鹰形状猫食容器和盖子；露得清卸妆水；猫食杯；优色林晚霜；大象形状的喷壶

杰恩

42 岁｜服装设计师｜旧金山湾区

"从物件判断，
我在工作日
和休息日
是两个不同的人。"

杰恩是个服装设计师，她毕业于伦敦皇家艺术学院，并在那里取得硕士学位。现在，她住在旧金山，在旧金山艺术大学教授服装设计课程。杰恩的典型工作日物件包括一身时髦的装束、几本速写本（上面有她画的令人瞠目结舌的插图）、织物、墨水、刷子、钢笔和一张从奥克兰县到林孔高地的往返公共汽车票。

记录杰恩的一天是在一个早春的周六。用杰恩的话说，这天"带给我激动，因为它是第一个恰到好处的高温天"。她为那些从伦敦来拜访她的朋友准备了攀爬和野炊活动。杰恩嫁给尼克后（见177页），搬家改变了两个人的生活方式，但他们彼此也很享受这些改变。"来到旧金山后，我们培养了许多新的兴趣，我们的周末也变得丰富多彩。攀岩或是绕着湾区骑行，这些是我以前在伦敦没有或是很难去做的事。"

杰恩在家中有一个工作室，除了户外活动，她将剩下的时间都花在工艺上。当每个人都准备就绪，尼克在配音乐时，杰恩就已将她制作和待售的其中两个科尔文垫了准备好邮寄。"我一直在找寻特定年代的织物（和服装），随后将它们变为当代设计。"

晚上负责喂猫的是杰恩。那天，杰恩触碰过的许多物件尼克也碰过。作为一对夫妇，他俩触碰过的大多数物件都是二人共用的。因此，通过对比两个人使用的物件的照片，能够分辨出他俩各自做了什么事。

引人注目的物件
螺旋开瓶起子："它花了我3英镑，是我在布莱顿的一家外卖酒店买的，那是我和尼克第一次约会的地方。这是个简单的物件，但我十分珍视它。"

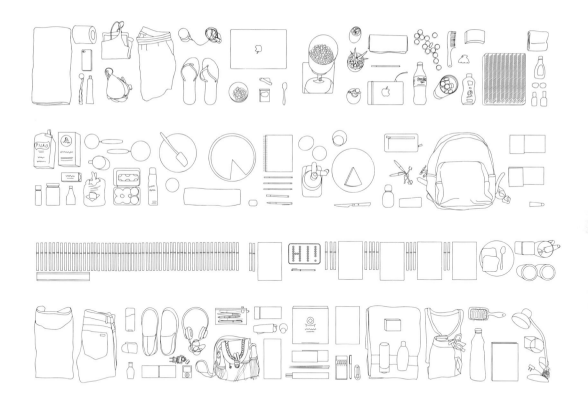

约瑟芬娜·乔利于 2014 年 12 月 14 日（周日）所触碰的物件

第一排： 毛巾；厕纸；套有美国队长手机壳的 iPhone4 手机；凯蒂猫牙刷；高露洁牙膏；H & M 背心；雪莉文胸；永远 21 岁半身裙；可口可乐扬声器；哈瓦那人字拖；苹果笔记本电脑；碗；塞尔皮切酸奶；勺子；装有凯洛格脆玉米片的谷物分配器；仙人掌（×2）；喷壶；厨房用纸；施德楼毡头笔；贴有苹果贴纸的仿鼹鼠皮笔记本；可口可乐瓶盖；健怡可口可乐；梳子；杯子；维鲁拉纳洗涤用海绵；发夹；可夫洗手液；青草状干燥架；厕纸；洗甲油；棉球（×2）；莎莉·汉森黄色指甲油；纽乐指甲油定色剂

第二排： 皮朗咖啡；麦考密克肉桂；奎宁蜂蜜；晨果蜂蜜；宁静之城黄油；阿利坎特香草精；红色筛子；量杯；普雷扎面粉；绿色筛子；放在盒子中的鸡蛋（×2）；弗瑞托林喷油；碗和铲子；汉堡形状的计时器；洗碗巾；放有做好的蛋糕的蛋糕盘；泰特现代橡皮；写有蛋糕制作方法的笔记本；毡头笔（×3）；0.05cm 直径描线笔；无印良品铅笔；橙子（×2）；榨汁机；玻璃杯；装有蛋糕的索菲亚·瓦那兹奇盘子，盘上画有树；查蒙蒂纳刀；城市户外钱包；三福记号笔钥匙圈和钥匙；赤道夏威夷 SPF30 防晒霜；厕纸；伊斯特斯波特背包；电费和水费账单；小蜜缇润唇膏

第三排： 纤维色彩毡头笔（×58）；印有阿姆斯特丹字样的尺子；杜松子酒和奎宁水素描；纤维色彩毡头笔盒；施特德勒黑色水性笔；纤维色彩毡头笔（×3）；凯匹林纳鸡尾酒素描；纤维色彩毡头笔（×4）；马提尼酒素描；纤维色彩毡头笔（×3）；旧式素描；纤维色彩毡头笔（×2）；莫吉托鸡尾酒素描；装有面包片（×2）和勺子的索菲亚·瓦那兹奇盘子，盘子上画有鸟；茉莉花茶罐；平静之城芬兰迪亚奶油干酪；泡茶漏网和马克杯；好妈妈果酱

第四排： T 恤衫和牛仔裤；女士速度棒除臭剂；袜子；汤米古龙水；史蒂夫·马登金色运动鞋；悠游交通卡；身份证和证件套；毕茨耳机；苹果音乐播放器和充电器；装有铅笔的笔袋；皮制手提包；卡塔西斯音乐喜剧门票和宣传册；厕纸；先生寿司盒；150 阿根廷比索；筷子和包装；筷子素描；施特德勒描线笔和盒子；橡皮；毛巾；多芬肥皂盒；潘婷护发素；强生婴儿沐浴乳；飙拉 T 恤衫和盖普短裤；发刷；玻璃瓶；洛丽·摩尔所著的《树皮》；玻璃杯；床头灯

约瑟芬娜

29 岁 | 插画家和作者
| 布宜诺斯艾利斯

"当我还是个
小女孩的时候，
曾经没日没夜地画画。
然而有一天，
我就突然不画了。
去年，
我又开始画画了，
并且发现
我对于绘画的热情
从没有消退过。"

这是一个周六的早晨，地点是约瑟芬娜在雷科莱塔区的公寓。吃过早饭后，约瑟芬娜清洗餐盘（请注意她用来夹起长发的发夹），并做了一个犹太蜂蜜蛋糕。

从约瑟芬娜触碰的物件，我们可以看出她是一个有趣、清新和与众不同的姑娘——美国队长手机壳、凯蒂猫牙刷、怀旧可乐罐扬声器、青草状的干燥支架和汉堡形状的计时器。大多数物件都是她从国外旅行带回的纪念品——她是天空航空公司的全职企业客户经理，但她真正酷爱的是画画。马克笔散布在她一天的照片的每一排，甚至她的钥匙圈上还挂着一组小型的三福记号笔。她是《烹饪和绘画》一书的作者。这是一本幽默地讲述烹饪方法的书籍，通过众筹资金出版。

"这一切都始于我朋友烹制的一个美味韭葱开口馅儿饼。她将食谱念给我听，我边听边画。我的画作看起来棒极了，于是我将它发布在网上。我收到的反馈十分热烈，这鼓励着我将我烹饪的一切经过都画下来。我在一本仿鼹鼠皮便笺本上创作了一小本全手绘的食谱。"

她的画风是机智的，十分注重视觉双关。如果烹制过程复杂，她会匆匆涂鸦她的人物。如果等待时间过长，她可能画一个看上去百无聊赖的人物。这天，约瑟芬娜缴纳水电费回来后，画了一个章节有关鸡尾酒的画。

引人注目的物件

可乐瓶盖：约瑟芬娜在为当地医院的一个慈善项目收集这些瓶盖（1000 个瓶盖可以换一台轮椅）。

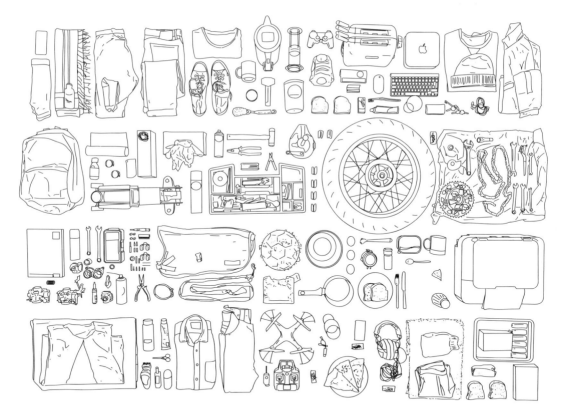

乔舒亚·沃瑟曼于 2015 年 1 月 17 日（周六）所触碰的物件

第一排： iPhone5 手机；凯文克莱男士内裤；基高纹样围巾；简易保湿霜；巴塔哥尼亚排汗保暖内衣；企鹅牌袜子；李维斯牛仔裤；ASOS T 恤衫；匡威全明星查克泰勒运动鞋；彩通色彩天地 186 马克杯；爱乐压滤网罩和滤纸；伊尼斯餐具刷；海顿自动水壶；爱乐压搅拌器和活塞；纯正萨福克小罐咖啡罐；索尼 3 游戏机控制板；布尔根面包和面包片（×2）；德龙烤面包机；美国精神烟草；瑞兹拉卷烟纸；天鹅超薄过滤器；苹果鼠标；瑞驰牙刷；高露洁牙膏；苹果迷你电脑；苹果键盘；猎鹰搪瓷马克杯；厕纸；优衣库针织套衫和无檐小便帽；钥匙；RHA 耳机；耐克风暴修身外套

第二排： 伊斯特帕克背包；砂纸；除锈剂；联接螺旋夹（×2）；收据；哈福德千斤顶；蓝牙音箱；乳胶手套；STP 喷雾；WD-40 润滑油；雷神软木锤；钳子；艾伦螺钉扳手；莱泽曼迷你多功能剪刀；多用途工具分隔盘；后轮鼓形制动器；库施汽车用橡胶（×6）；装有轮胎的后轮；卷烟纸和烟草；放有拉链器、链轮、手电筒、链条、扳手、金属丝刷和扳手（×5）的旧床单

第三排： 海恩斯手册；弹簧；化油器（×2）；岩油黏性润滑剂；扳手（×2）；引擎/橡皮垫圈；浮筒；螺丝刀和多钻头工具盒；防黏剂；插座和螺钉头（×11）；化油器浮子；空气断流阀；主喷管；针阀式喷嘴（×2）；次喷管；空气/燃油混合螺钉；浮针（×2）；钳子；厄瓜弗里斯狗狗背心；项圈和狗绳；狗用耐克球和狗便袋；狗用饮水碗；鸡蛋（×3）；平底锅；搅拌器；放在罐子中的莫顿牌盐；巴特黑干胡椒研磨器；放有面包片（×2）的盘子；银宝黄油；茶匙、叉子和刀；胡椒博士可乐；彩通色彩天地 7481 马克杯；茶包；糖；佳能彩色打印机；纸质表格

第四排： 瑜伽天堂垫子和无袖 T 恤衫；E45 急速恢复乳液；飞利浦电推剪；艾洛松类固醇乳膏；理发剪；祖·玛珑岩兰草古龙水；萨纳除臭剂；优衣库法兰绒衬衫；福克斯豪外套；大众 – 高尔夫牌汽车钥匙；司马 X5c 无人飞机和控制器；无人机通串线；一品脱啤酒（酒吧）；沃克斯伍德打火棒辣椒沙司；比萨和木盘子（酒吧）；收据；卷烟纸和烟草；拜亚动力 DT770 耳机；毛巾、袜子、织布机的果实男士内裤；烘烤托盘；扬斯鱼条盒和鱼条（×6）；抹布；面包片（×2）；约翰·斯坦贝克所著的《愤怒的葡萄》

乔舒亚

29 岁 | 产品设计师 | 伦敦

"修理摩托车
带给我的欢乐
很难用言语解释。
即使我最终失败了，
我也无法抵抗
修理的冲动。"

乔什在设计上是个多面手，他最初是个产品设计师，最近又将他的才华和细致的目光投向纪录片制作。我告诉他我准备写一本有关《我们所触碰的一切》的书时，他还是"TheOverworld"的雇员。但直到我拾起他触碰的物件时，才发现他对摩托车的热爱。

那是一个周六的下午，在南部伦敦的坎伯威尔，乔什正期待着将一整天的时间花在修理他的摩托车上。"这是一辆 1983 年的本田 XL600rd，上世纪 80 年代备受推崇的两用车，花费将近 100 英镑。它是脚踏启动的，我喜爱这个设计，它让我感觉自己更像个男人。"

乔什解释道，他的这辆车修理起来可需要点儿功夫，得知道如何展现它最好的一面，以及在它出故障时如何维修——这是获得自信和通向自由的关键。"假如你想将旧摩托车骑上街，就得知道如何去驾驭它。缺少这一知识，你就很难骑它上路。但正是由于这种紧张感，我对我的车子产生了感情，并希望在今后的许多年里都能骑着它。"

我还得知，乔什在周末会照看他母亲的狗并练习瑜伽。我猜想，一份鱼条三明治是他和朋友山姆在酒吧待了一整晚后对自己的犒劳。

引人注目的物件
莱泽曼迷你多功能剪刀：过去 15 年乔什都将它带在身边。
匡威全明星查克泰勒运动鞋："之后我有许多双运动鞋，但我就是不愿把这双鞋给扔了。"

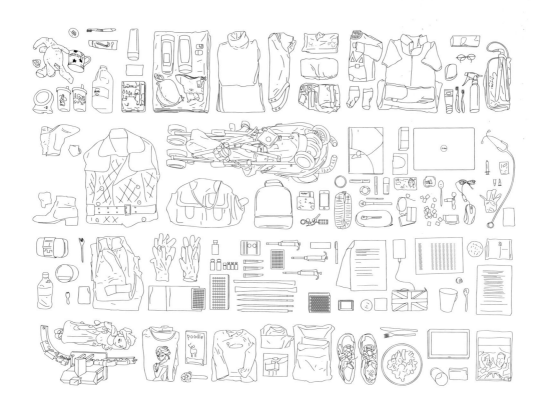

朱莉娅·肯尼于 2015 年 1 月 20 日（周二）所触碰的物件

第一排： 儿子的橡皮奶嘴和玩偶；雀巢胶囊咖啡机咖啡胶囊；马克杯；格罗时钟睡眠训练器；科特 G 婴儿用塑料杯（×2）；欧乐–B 牙刷；清新纯水牙膏；沃森牛奶；原始来源茶树沐浴乳；厕纸；朱莉娅·唐纳森和阿克瑟尔·舍夫勒所著的《怪兽古肥罗》；放在毛巾上的欧莱雅多效修复洗发水和护发素、隐形眼镜、M＆S 限量版文胸和女士内裤；M＆S 高圆翻领衣服和奈克斯裤子；儿子的奈克斯连体衣；帮宝适湿巾和纸尿裤；儿子的 M＆S 奥拓格拉夫裤子；儿子的奈克斯针织套衫和袜子；女儿的校服：T 恤衫、紧身裤和背心裙；女儿的眼镜和眼镜盒；顺发梳；欧乐–B 分阶段牙膏；儿童牙刷（×2）；喷雾瓶；雷明顿直发器和袋子

第二排： 哈德森靴子；袜子；巴伯外衣；麦克拉伦折叠式婴儿车；斯托克萨克·索菲亚储物包；《冰雪奇缘》午餐盒；牡蛎公交卡和钱包；配有手机壳的 iPhone4 手机；房间钥匙和乐高钥匙圈；魅可皮肤定妆粉；《儿童疾病档案馆》（2015 年 1 月第 100 卷第 1 期）；7 号奢华卷睫毛膏；化妆包；博姿 7 号眼影和唇彩；魅可精选 SPF15 粉底；博姿 7 号眼线笔；刷子；魅可刷子和盒子；博姿布洛芬镇痛消炎药；博姿手提袋；10 英镑；遥控钥匙；伦敦大学学院身份卡；戴尔笔记本电脑；达能碧悠酸奶；希内德斯麦片和包装袋的开口条；勺子；闪存盘；惠普鼠标；利特曼听诊器；针筒；针；血液样本（×2）；塑胶手套；厕纸

第三排： 城市厨房即食肉；依云矿泉水；乐购杧果片；塑料叉子（×2）；厕纸；一次性手术罩衣；一次性橡胶手套（×2）；MSD 镶板塑料信封（×2）；96 孔板；MSD 缓冲器；R＆D 系统校准品稀释液；R＆D 系统漂洗缓冲液 25x；D–二聚体共轭化合物；MSD 小型校准仪（×3）；插有 15 毫米猎鹰牌试管的绿色微管支架；装有血液样本采集移液管（×2）的支架；SIS 粉剂瓶（×3）；科斯塔无菌血清移液管（×6）；多孔样本盘；赛默飞世尔加样器（×3）；厕纸；样本采集盘；三福笔；议定书；索尔特电子计时器；苹果；便利贴；硬盘；荷包；电子表格；马克杯；雀巢咖啡胶囊；勺子；逸馨巧克力米饼和包装；用于贴在试管上的笔记

第四排： 长发公主娃娃；布里奥火车玩具；M＆S《冰雪奇缘》小睡衣；安娜·威尔逊所著的《贵兵犬的问题》；书签；小白公司睡衣裤；多名作者合著的《怪人》；阿迪达斯裤子和托格 24 上衣；亚瑟士运动鞋和袜子；刀和叉子；装有三文鱼、土豆和沙拉的盘子；三星银河 3 平板电脑；玻璃杯；厕纸；《星期》杂志

朱莉娅

38 岁 | **儿科医生** | **伦敦**

> "我想，
> 随着孩子们
> 慢慢长大，
> 我的清晨
> 会变得清闲些。"

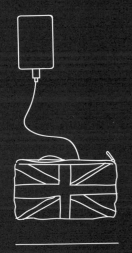

朱莉娅的几排照片让人一目了然地看出，她的一天明显地分为几个部分：第一排是起床，替自己和孩子们拾掇；第二排是送孩子们去学校和幼儿园，她自己去上班；第三排是她在医院实验室度过的时光；第四排是她回到家陪伴孩子，去健身房锻炼，吃晚饭和上床睡觉。累吗？这是一个全职妈妈一天的生活。

朱莉娅的一天开始于早上五点半。每天的这个时候，她刚会走路的孩子就会醒来。"橡皮奶嘴和睡眠训练器格罗时钟不总是管用，"她笑着说。"清晨是我一天中十分混乱的一段时光。我总是四处乱窜。"

八点三十分，她在温布尔登公园坐上了区线公交，这也是她第一次有时间查看手机和给自己化妆。她坐车去 UCL（伦敦大学学院），花一个上午的时间做儿科顾问医生。

下午，朱莉娅致力于她的博士课题工作，研究艾滋病毒治疗药物对儿童心脏的影响。在五年研究生涯的早期，她曾带领团队前往赞比亚和乌干达进行临床试验。现在，她将大部分时间花在实验室里。实验室有控制和隔离的安全标准，以便研究员们处理被艾滋病毒感染的血液。
"我喜欢自己在实验室里的那份专注。每天我独自一人花五个小时在那里。我会有那么一点儿孤单，但我会打开首都调频，忙里偷闲。"

朱莉娅六点半回家，这样她就有时间哄孩子睡觉。

引人注目的物件
英国米字旗硬盘荷包：她外出研究时，这个荷包是个话题焦点。"人们总是会问我，你是英国人吗？"

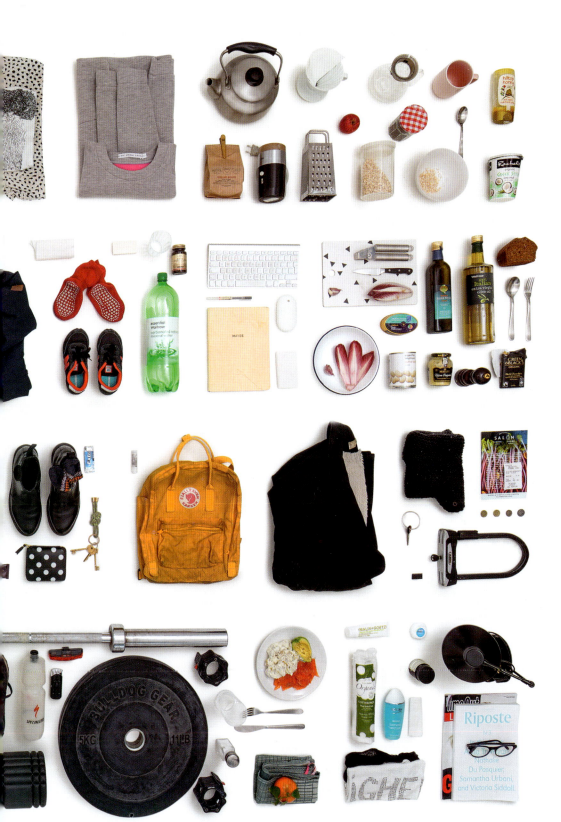

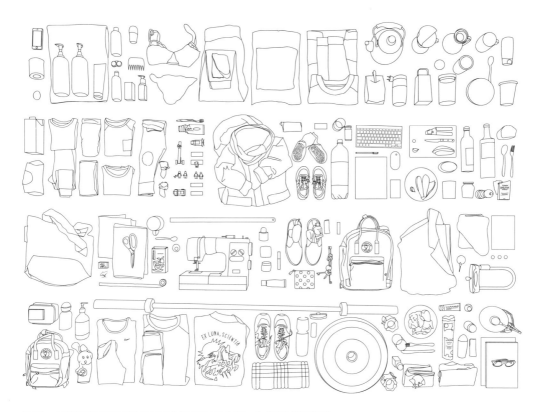

凯伦·罗森克兰兹于 2015 年 1 月 26 日（周一）所触碰的物件

第一排： iPhone6 手机；厕纸；束发带；毛巾；艾凡达洗发水和护发素；有机波浪沐浴露；博士伦生物隐形眼镜护理液；隐形眼镜盒；马林格茨洁面乳；薇姿止汗剂；木梳子；爱娜驰金盏菊水合护肤霜；克里斯·迪奥斯有机油；& 其他故事文胸和女士内裤；冯·索诺裤子；袜子；朱利安·雷德 T 恤衫；COS 针织套衫；& 其他故事针织套衫；柳宗理不锈钢水壶；工作坊维特尔摩喝彩咖啡；布朗咖啡研磨机；哈里欧咖啡冲滤壶和 02 过滤器；锉刀；苹果；哈里欧 V60 02 布鲁诺电炉分菜用具；装在果酱瓶中的鼠尾草籽；装在塑料桶中的亚麻籽；伊塔拉马克杯；勺子；宜家碗；山顶蜂蜜；雷切尔希腊口味有机椰子酸奶

第二排： 原始欧特力燕麦饮料巧克力；布茨塑料围嘴；儿子的哈特利睡衣裤；帮宝适纸尿裤和袋子；帮宝适湿巾；儿子的游击商店 T 恤衫（×2）和紧身裤；袜子；舒适达牙刷；高露洁牙膏；各种各样的乐高玩具和叠叠乐积木；儿子的美国短尾猫外套和围巾；厕纸；儿子的法尔克袜子和新百伦鞋子；肥皂；玻璃杯；维特洛斯苏打水；维生素 C 药片；苹果键盘；无印良品钢笔；梅比笔记本；苹果鼠标；厕纸；砧板；大蒜和压蒜器；刀；菊苣；塞恩斯伯里鳀鱼；搪瓷盘子；维特洛斯奶油豆；弗拉维亚–彭加醋；魅雅·第戎芥末；维特洛斯橄榄油；胡椒研磨器；面包、勺子和叉子；绿与黑黑巧克力

第三排： 梅比标准包；织物；剪刀；彩色头大头针和盒子；尺子；马克杯；勺子；克里普有机柠檬姜汁饮料；插座防护罩；尺子；真善美缝纫机；百瑞德 1996 伊内兹 & 维努德香水；耳骨夹；香奈儿粉底；班布尔和班布尔润发脂；美宝莲睫毛膏；萝拉·蜜斯有色保湿霜；马丁靴和袜子；像个男孩钱包；益达口香糖条装；润唇膏；稻草钥匙圈和钥匙；雪地狐旅行包；塞森酷德女士外套；冯·索诺束发网；挂在钥匙圈上的自行车钥匙；沙龙餐饮商店传单；2.30 英镑现金；安博自行车钥匙

第四排： 洗涤用海绵和午餐盒；儿子的雪地狐背包；水壶；伊索洗手液；小狗形状法兰绒连指手套；橡皮奶嘴；耐克 T 恤衫和运动文胸；女士内裤；流行 CPH 衬衫；耐克紧身裤；地空外套；儿子的新百伦运动鞋；运动用按摩滚轮；专用水壶；凯叶特自行车灯（×2）；斗牛狗装备 5 公斤重物；丁字形重物；重物放松螺母（×2）；玻璃杯；装有熏鳟鱼、沙拉和鳄梨的盘子；叉子和刀；食盐瓶；干草抹布；油桃；马林格茨身体保湿霜；欧乐–B 洁牙线；简单的温柔有机化妆棉；碧欧泉眼妆卸妆水；伊索面部平衡啫喱；厕纸；女士内裤；高强度 T 恤衫；夜灯；《还击》杂志；《暂停》杂志；三棱镜阅读眼镜

凯伦

38 岁 | 潮流专家 | 伦敦

"我是个自由职业者，我喜爱这份工作赋予我灵活的生活方式，但它也要求我更为自律地设定目标和最后期限。"

EX LUNA, SCIENTIA

凯伦是个潮流预测员，也是两个男孩的母亲。她有一双敏锐的眼睛，还有发现独一无二的有趣事物的才华，这是一种总可以知道将目光投向何方的天赋。她用她最爱的一句比尔·莫瑞的引言总结自己的方法："我试着变得警惕和有空，我试着变得有空，等生活中的事情发生到我身上。"

可能是咖啡帮助凯伦保持警惕。"提起咖啡，我算得上半个内行：我总喝过滤的黑咖啡。我喜爱早上做咖啡的过程。我的研磨机是一台 60 年代的老布朗，是我父母留给我的，现在它依然十分好用。我也打心里喜欢我的日式水壶、哈里欧咖啡壶和过滤器。"

凯伦知道如何保存物件，为了有朝一日能再次使用它们。"我有两个儿子，这意味着从早到晚，乐高玩具会被扔得满屋子都是，而这些乐高太空玩具是 80 年代我小时候玩的玩具。"她的大多数物件都来自斯堪的纳维亚、德国、荷兰和法国，而且它们看起来挺耐用的，仿佛她和家人今天碰过的物件会历经时间的考验。

两个儿子去学校和幼儿园后，凯伦就在家里工作。那天，她在做一个物品预测项目，做完午饭后，她又裁剪了一个轻便型标准包。晚上，她去了位于佩卡姆的多重瘦身健身房。健身房离她在德威的家仅一小段距离，她只用骑上自行车，听两首尼尔斯·弗拉姆歌就能到达。

引人注目的物件

地空品牌的刺绣紧腰短夹克："它就像一件日常盔甲一样，使我感觉自己是个隐形人。"

阪仓胜见于 2015 年 2 月 28 日（周六）所触碰过的物件

第一排： 东急手创馆闹钟；配有孟非果汁手机壳的 iPhone5 手机；银河宾馆水壶和钢笔；苹果笔记本电脑；"我所触碰的一切"清单；男士内裤；思金斯运动紧身裤；T 恤衫（自主设计）；裤子；日式厚底短袜（大拇趾单独分开）；帽子；耐克赤足系列运动鞋；厕纸；银河宾馆钥匙卡；库拉普罗克斯 1560 牙刷；高露洁牙膏；洗漱用品包；银河宾馆肥皂、沐浴乳、洗发水、护发素和润肤液；理发剪；镜子；保罗・安东尼电推剪；吉列剃须刀；剃须膏；老辣椒除臭剂；吹风机；束发带（×2）；欧莱雅极限系列发胶；梳子

第二排： T 恤衫（自主设计）；日式鞋（大拇趾单独分开）；润唇膏；放在八爪鱼三角架上的卡西欧轻薄相机；拉链针织套衫；裤子（自主设计）；眼镜（自主设计）和眼镜盒；马克杯；装有甜瓜、番木瓜、西瓜、菠萝和布里干酪的盘子；叉子；皮尺；黑胶布；白胶布；金霸王铜板电池包装（×6）；夜光双节棍（自主设计）；戏服手套（自主设计）；小折刀；软质双节棍；宝宝妈妈润唇膏和脸颊护肤膏；鞋子（自主设计）；红牛饮料；健达缤纷乐牛奶榛果威化巧克力；伟特糖；戏服套装，包括主体服饰、腰带、裤子和外套（自主设计）；经纪人的名片；胜见的名片；搭乘票根；日本护照；各式各样的寿司卷，卷寿司和手握寿司；筷子；装有蜜瓜、苹果、西瓜和番木瓜的盘子；乌龙茶；马克杯；诸圣 T 恤衫；《座头市物语》DVD；妮维雅保湿霜；咒符（来自妻子）

胜见

51 岁 | 舞蹈家 | 伦敦

"在上台前
我总会吃一块糖，
它似乎能消除
我的紧张。"

胜见来自日本，在伦敦居住，但那天我们拍摄他所触碰的一切时，他正在澳门参加一场演出。胜见创造了一种独特的表演，该表演将数字视频融于武术中，他自己也参加表演。胜见的表演必须完美无缺，只有这样，观众才就会意识到他的一举一动都影响着银幕上和音响中的一切。他是整部制作的中流砥柱，从舞蹈设计到舞台设计到造型都融入了他的智慧。居住在东京的妻子为他制作所有的服装。

胜见在演出前会经过系统的准备。他首先会去跑步，随后梳洗，将他的长发绑到脑后，将两鬓的头发剃短。"我总会在演出前修整两鬓和胡须。这样的我看上去敏捷而有活力。"

接着，他开始吃早饭，早饭是由他的营养师指定的。吃完早饭，他会去视察会场和舞台。"我测量空间，用一截截的反光胶带标记我将要演出的场地。我也会保证我的双节棍里装有新的电池。"

引人注目的物件
夜光双节棍：由胜见自己制作。

饰于 2015 年 2 月 8 日（周日）所触碰过的物件

第一排： iPhone5 手机；全家早餐圆面包；马克杯；任天堂 3DS 游戏机；山茶花眼镜；立顿冰茶；《少女与战车》动漫海报；GUM 牙刷架、牙刷和牙膏；剪刀；糖果魔法日抛隐形眼镜；碧柔 SPF50+ 美白隔离防晒霜；化妆包；莎娜毛孔无暇修护霜；镜子；眼线笔（×2）；马略尔卡胭脂；眼线笔；凯蒂猫睫毛定色剂；泰士康直发器；发刷；花王海角立体感发胶；麦瑞卡紧身裤；钱包；交通卡；通串线充电器连接线；加油动力加手机充电器；创可贴；阿尔杰兰润唇膏；维维安·韦斯特伍德钱包；钢笔（×3）；《少女与战车》手帕；束发带；森永软糖；自然鱼卫生巾包；波卡札幌柠檬汁；面部湿巾；舒洁袖珍包面纸；日记本；伞；《双斩少女》动漫；皮制手提包；挂有花和猴子挂件的钥匙圈和钥匙；兴和口罩和包装

第二排： 军装：衬衣、领带、外套、半身裙和靴子；日本玩具模型大展指南和访客通行证；军帽；军用斗篷；发网（×2）和袋子；假发；中式传统丝绸连衣裙；R＆E 玫瑰精华鞋子；蕾丝发箍；蕾丝女仆连衣裙；鞋子；丝绸蝴蝶结发箍；复古多褶边丝绸动漫角色上装；复古多褶边丝绸戏服半身裙；莫德·法勒鞋子；发网和袋子；纸质女用阳伞；棉质帽子和假发；复古棉质戏服和半身裙；莫德·法勒鞋子

第三排： 平底锅和盖子；《双斩少女》玻璃杯；全家速食咖喱；装着咖喱和米饭的碗；勺子；牛牌美白香皂；巴斯克林浴盐；碧柔湿巾盒；力士洗发水和护发素；法兰绒和毛巾；东芝吹风机；特里毛巾料运动衣；《东方红魔乡》《东方妖妖梦》《东方永夜抄》《东方风神录》《东方地灵殿》和《东方星莲船》电脑游戏 DVD；惠普无线键盘、鼠标和鼠标垫；士郎正宗所著的《功壳机动队》（第一卷）

饰

21 岁 | 角色扮演者 | 东京

"每个人都偶尔希望能变成另外一个人，不是吗？"

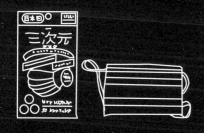

饰在起床和临睡前都会玩电子游戏。

正值 2 月的一个周日，她正为 2015 年冬季日本玩具模型大展做准备。这个展览会展出动漫人物的模型，同时也会有角色扮演。

角色扮演在一般情况下是指乔装成动漫文化中的人物，而角色扮演高超与否是根据个人对人物的外形和举止细致模仿的水准判断的。

"动漫之所以吸引人，是因为它的情节在多方面是关联的，"饰说，"动漫中的人物都十分出色，动漫迷们渴望能变成他们。这同海外的连环画不同，后者的故事很有趣，但没有真正的人情味。"

十来岁时，饰迷上了动漫《网球王子》，这种热爱后来演变成角色扮演。现在，她投身角色扮演，在这个群体中结识了一大帮朋友。"假如两个人对同一件事感兴趣，你一眼就能看出，因为他们会穿同样的服饰，通过这种方式，你开始发现志趣相投的人，随之扩大你的交际圈。"

饰的祖父是日本自卫队的成员，她从小就仰慕他的制服。"我穿上军装就像变了个人一样，我变得富有行动力，更敏锐。"

引人注目的物件

口罩：一开始人们戴口罩是防止将自己的病传染给他人，现在大多数情况是为了防止感染枯草热，但一些人戴口罩是为了避免与他人打交道（就像人们有时戴耳机一样），特别是在公共交通工具上。

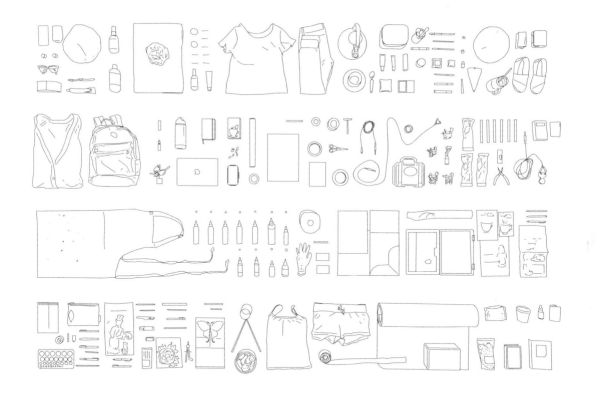

基蒂·德雷斯特于 2015 年 3 月 9 日（周一）所触碰过的物件

第一排： iPhone6 手机和印有"天哪"字样的手机壳；厕纸；木质耳塞；普拉达眼镜和眼镜盒；浴帽；牙刷；舒适达牙膏；艾玛有机洗面奶；露诗沐浴露；毛巾；搓澡球；束发带（×2）；发夹（×7）；梵诗婷天然健康面部爽肤水和护手霜；T 恤衫；裤子；火炉 / 水壶；搪瓷碗和马克杯；泡茶漏网；伊索化妆包；倩碧色彩调节霜和毛孔修复霜；伊妮蔻液态粉底；伊拉玛士奎粉底；倩碧胭脂；插在玻璃罐中的刷子（×2）；茶树和金缕梅酊剂遮瑕笔；伊妮蔻粉底和刷子；各式各样的眼影刷（×3）；粉底；伊拉玛士奎眼影（×2）；眼线笔；伊拉玛士奎睫毛膏（×2）；戒指（×2）；黑色指甲油；液态眼线笔；项链；贝雷帽；装有自制蔬果汁和金属吸管的玻璃罐；厕纸；钱包；汤姆斯牌鞋子

第二排： 针织套衫；弗莱德·派瑞旅行包；润唇膏；巴哈急救花精滴液；房间和汽车钥匙及带有小狗照片的钥匙圈；保温瓶；苹果笔记本电脑；印有查理·布朗卡通图案的仿鼹鼠皮笔记本；克里普有机茶；杏仁（×7）；怪物公司零食盒；保鲜膜卷；塑料杯；一次性纸垫；木棒；抗菌皂液器；遮盖胶带；塑料薄膜；帕默护手霜；一次性剃须刀；剪刀；黑色遮盖胶带；带夹子的电缆（×2）；黑色胶带；用来装文身机器的百里能箱子；粉色罗曼蒂克磨床；黑色罗曼蒂磨床；塞斯·西弗瑞机器；英克杰克塔着色器；无菌不锈钢试管（×3）；针把（×6）；针筒；钳子；脚踏板；供电电源；厕纸

第三排： 黑色围裙；墨水和墨水杯：棕色、青绿色、橙色、红色、白色、黑色和水；墨水和墨水杯：紫色、淡蓝色、黑色和绿色；厨房用纸；钢笔；塑料手套；黑点工作室名片（×2）；食育餐厅菜单；素描；装有描图纸的塑料文件夹；名为"闪耀"的文身素描（×4）；铅笔和钢笔（×2）

第四排： 纸上的笔记；神奇隐形胶带；圆圈模板尺；印有"1984 乔治·奥威尔"字样的铅笔盒；红色铅笔；粉色荧光笔；黑色钢笔；黄色和绿色的三福钢笔；绘图铅笔（×6）；自动橡皮；素描（×3）；钢笔；涂改液（×2）；橡皮；绘图钢笔；钢尺；环保钢笔；棕色铅笔；指南针；水性笔；马克杯；筷子；装有西蓝花、豆荚和泡菜的木碗；瑜伽上衣；阿迪达斯短裤；瑜伽腰带；瑜伽垫和瑜伽积木；沃特诺特面部湿巾；露诗全身和手部护肤霜；茶；肯尼斯·格雷厄姆所著的《柳林风声》；玫瑰果油；帕蒂·史密斯所著的《只是孩子》；厕纸

基蒂

25 岁｜文身艺术家｜墨尔本

"现在我更满意
我的皮肤了。
平衡是它的
关键。"

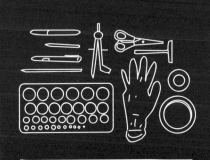

基蒂的本名叫凯瑟琳·罗斯，她是黑点文身工作室的合伙人。黑点工作室位于诺斯科特时尚的内城区的边缘。

任何对文身艺术家一天的生活有先入为主观念的人，都应当反思一下。精油、素食、绿色沙冰、天然护肤产品、草药和坚果是基蒂生活方式的标志。"十年前，要是不爱上文身，我的生活将会变得喧嚣、空虚，充满无用的东西。"她解释说。

基蒂是个友好且有耐心的人，比起说话，她更擅长倾听。她所专注的是确保给予她的客户精准的抉择和对疼痛感的把握。基蒂从一开始就知道自己想成为一名文身艺术家，但传统的观念认为，文身艺术家大多是男性，这在一开始就阻碍了她投身这一行业的梦想。

基蒂将自己定义为一个内向的人，她的衣服基本上都是黑色的。赋予她生活色彩的是一些墨水，比如说她的化妆品、文身墨水和马克笔。

基蒂生活中另外一群重要的物件是那些不拘一格的装饰和毛绒玩具，它们遍布于黑点工作室的桌子和墙上。"我意识到我一天中看得最多的物件恰恰是那些我不会去触碰的。"

引人注目的物件

医疗用品和学校几何课用具：这些是对文身艺术家而言至关重要的用具。查理·布朗、乔治·奥威尔和帕蒂·史密斯都是这一天中涉及的人物。

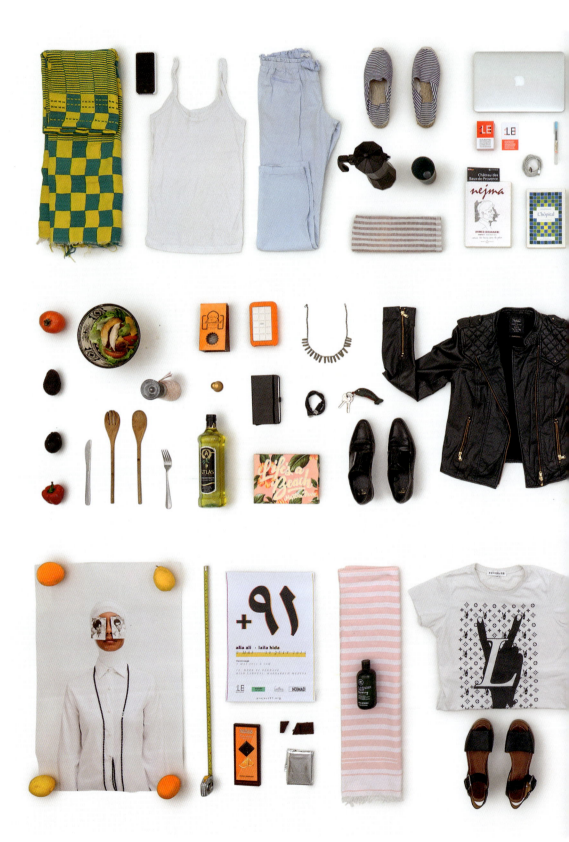

蕾拉·希达于 2015 年 4 月 24 日（周五）所触碰过的物件

第一排： 购于象牙海岸的毯子；iPhone6 手机；背心；艾格睡裤；帆布便鞋；炉顶咖啡机；搪瓷烧杯；抹布；苹果笔记本电脑；乐 18 名片；艾哈迈德·布阿纳米所著的《内杰玛》和书签；通串线充电电缆；无印良品纤维质笔尖钢笔；艾哈迈德·布阿纳米所著的《医院》；茶壶；玻璃杯；TWG 亚历山大绿茶；放有契尔氏橄榄油洗发水和护发素、伊索身体香膏、多芬止汗剂和发刷的毛巾；美国之鹰运动用品店背心；女士内裤；盖普牛仔裤；飒拉开襟毛衣

第二排： 番茄；鳄梨（×2）；红辣椒；装有鳄梨、番茄和莴笋的碗；刀；木质沙拉分餐勺；叉子；马拉喀什花盐"肥鹅肝"盐；雀巢沃鲁托咖啡胶囊；阿特拉斯原生橄榄油；莱希探路者系列便携式硬盘；仿鼹鼠皮笔记本；马丁·帕尔所著的《生活是片沙滩》；北非风格项链；硬盘电缆；房间钥匙和挂有皮制鱼挂饰的钥匙圈；MNG 鞋子；飒拉外套；浅顶软呢帽；佳能 5D 数码相机；旅行包；复古摩洛哥学院风笔记本（×4）；123 迪拉姆；乐 18 钥匙；仿鼹鼠皮笔记本；滕波纸巾；苹果；无印良品纤维笔尖钢笔；杯子；西迪·阿里纯净水；约翰·杜威所著的《艺术即体验》；雀巢咖啡胶囊

第三排： 摄影肖像（由蕾拉和艺术 /C 合作拍摄）；柠檬（×2）；橙子（×2）；博世卷尺；+91 展览海报；纽豪斯甜橙味黑巧克力、锡纸和包装；棉质毛巾和保罗·米切尔洗发水；狗鼠 T 恤衫；科特莱克鞋子；H&M 外套；化妆刷；萝拉蜜思粉底；银镯；爱马仕香水；摩洛哥皮包；弗洛尔法式餐馆的菜谱；盘子；玻璃杯；放在餐巾纸上的叉子和刀；契尔氏洁面乳；家乐福化妆棉；伊索山茶花果面部水合霜；约翰·肯尼迪·图尔所著的《笨蛋同盟》

蕾拉

31 岁 | **摄影师和画廊主管**
| **马拉喀什**

"依靠抵触人们
土生土长的
文化框架，
艺术能帮助人们
成长和
冲破樊篱。"

蕾拉出生在卡萨布兰卡，她在 17 岁时搬往巴黎。2012 年，她响应号召回到了摩洛哥，并震惊了马拉喀什的当代艺术领域。

蕾拉的物件展现了她造型优美的摩洛哥 –法国风格。"我主要穿黑色和白色的服饰。"她说。蕾拉住在古厄里兹——马拉喀什的一个新区，但她在老城区工作。她身穿摩托外套，头戴浅顶软呢帽，手持佳能 5D 照相机，辗转于麦地那的街头。那里也是乐 18 的所在地。乐 18 是蕾拉创立的空间，目的是为年轻的艺术家们提供工作交流的机会。

"这个社会有许多禁忌，特别是在宗教、平等和自由方面。"对蕾拉而言，这些禁忌妨碍了她的艺术表达，像审查制度一样阻碍了个性特征的发展。她相信艺术能帮助人们成长和克服这些壁垒。

那天，蕾拉抵达乐 18 后就将她的一幅肖像作品挂在墙上。这幅作品是她与以色列设计公司艺术 /C 合作完成的。随后她又开始为 +91 工作。+91 是一个合作的摄影项目，取景于最近的一次印度之行（这个名字即为印度的区域号码）。"拥有一个画廊对我自身的工作是有帮助的。我不断面对新的形式，它们冲击着我的视角。"

蕾拉和朋友出门吃过晚饭后，就躺在床上看约翰·肯尼迪·图尔的《笨蛋同盟》。

引人注目的物件

复古摩洛哥学院风笔记本："只要我发现一本，我就会将它买下。"——这四本是她在一家旧书店发现的。

劳伦·斯宾塞·金恩于 2015 年 3 月 29 日（周日）所触碰过的物件

第一排： 冥想石（×2）；钥匙；耐克运动鞋；狗绳；平底锅；盘子；银勺（由劳伦的母亲制作）；何首乌滋阴与美食食物；生姜；银锉刀；景草药牌冬虫夏草粉；石质餐具垫；搪瓷烧杯；苹果；装有蓝莓的碗；胡桃（×7）；无花果干（×3）；备长炭白炭；装有备长炭的玻璃水罐；茶巾（×3）；SX 夜报；圣贤棒；昆顿高渗性补充物；苹果笔记本电脑；皮套子；iPhone5 手机；雷迪厄斯牙刷

第二排： 睡衣上衣；发带；天然海绵；达芬斯尼洗发水；布朗博士香皂；放在条纹状的纯棉毛巾上的棉绒布（×2）；海蚀油；文胸；女士内裤；杰西·卡姆裤子和短身上衣；RMS 有机彩妆遮瑕霜和唇亮油

第三排： 盖普牛仔布外套；珍妮·凯耶鞋子；太阳眼镜盒；大理石手镯；发夹；帝埃·拉斯利太阳眼镜；银戒指；曼苏丽尔皮包；红洋葱；红薯（×3）；萝卜（×6）；瑞士牛皮菜叶（×3）；蚕豆（×4）；网格购物袋；像个男孩皮制钱包；拉森购物收据；施德楼铅笔（×3）；麦克隆钢笔；波斯托科记事本；写给自己的便条（"依然有很多人将美误认为善，这令我很吃惊"）；一幅描画褶皱的纸的素描（劳伦所画）

第四排： 城市户外 BDG 亚麻裤；Ba&sh 背心；美德威尔牛仔衬衫；羊羔毛织物、荷包和袋子；装有兔皮、皮革和各式各样岩石（×17）的冥想祭坛，其中的岩石包括黄铁矿、打磨的赤铁矿、玛瑙、蔷薇石英、石英、萤石和劳伦捡到的鹅卵石；一袋黑米寿司；木筷子；叉子；装有寿司的碗；山羊绒 RED 针织套衫；琳达·法罗眼镜；艾伯特·加缪所著的《西西弗的神话》；贝弗莉·C.耶格斯所著的《人类的能量场》；乔治·桑德所著的《劳拉：水晶之旅》

劳伦

34 岁 | 艺术家和禅师 | 洛杉矶

"注意到那些
我们机械地触碰，
且没有任何
感情投入的物件
是件更困难的事。"

对劳伦而言，每个星期天都是个特殊的日子。她白天从事艺术工作，晚上在回声公园开办冥想课。

劳伦喜爱的色彩是黑色、紫色、牛仔蓝和白色。她一天中触碰过的许多物件都与保持镇定、冷静和维系情感有关：岩石、净化心灵的饮茶步骤、备长炭白炭、圣贤棒、水晶和羽毛。她的织物是棉、亚麻和山羊绒的，水晶是她在课程上同精油一起使用的。"我用它们来帮助人们放轻松和化解郁结的能量。"

她解释说："作为一名艺术家，我会花很多时间去思考物件、它们对人们的意义和怎样摆放物件能维系能量。我雕刻和展出时都会考虑这些问题。"

劳伦十分注重围绕她身边的物件。她生于一个艺术世家，她家中的各个角落都摆放着富有意义的传家宝。"对一个艺术家而言，洛杉矶是个没人真正注意到的地方，这里只是个边缘化的存在。因此，在某种程度上，你在这个地方有很多自由，我喜爱这点。当下，人们对唯灵论产生了兴趣。我很高兴自己是这股潮流的追随者，并且思考，为何现在洛杉矶掀起了一股唯灵论？"

引人注目的物件
冥想祭坛："你可以在祭坛上摆放任何物件，只要每件东西都含有对你而言十分重要的能量，或是你渴望带入生活的事物。"

刘杰飞于 2015 年 3 月 9 日（周一）所触碰的物件

第一排： 老花眼镜；iPhone4 手机；马克杯；牙刷和黑妹牙膏；香烟；打火机；吉列马赫 3 剃须刀；梳子；旁氏洗面乳；室内便鞋；面巾；睡裤和背心；蝶矢衬衫；裤子；磨细的黑芝麻；纸巾；扁酒瓶；茶匙；蜂蜜；装有面条和筷子的碗；装有调好的黑芝麻糊的碗；四胡、高胡和二胡（刘先生自制的拉弦乐器）；帽子；博斯包；苹果平板电脑和外壳

第二排： 丝绸表演外套；舞台索具（×2）；绿色膝垫；丝绸表演帽；灯泡和电缆；舞台索具；凳子；舞台幕布；老虎和人木偶（所有演出的木偶都由刘先生自己制作）；锣和钹打击乐器组合；系绳锣铜板；木偶；快板竹拍板（小）；德宝望远镜和外套；松下摄像机和外套；没有镜片的表演眼镜；装有包子（×2）的碗；装在马克杯里的绿茶；快板竹拍板（大）；木偶；筷子；装有蔬菜鱼汤的碗

第三排： 皮影木偶（×4）；素描本；木偶模板（×6）；切割工具组；龙插图和老虎木偶；活页乐谱；毛笔（×2）；米酒；筷子；萨克斯管；装有饺子的碗；装有鸡肉的碗；迈耶盒式磁带录音机和盒子；录有演出录音的磁带；北京革命歌剧红皮书；小学课本；歌集；"第一卷歌集"笔记本；手机充电器

刘

72 岁 | 音乐家、表演家和皮影
制作者 | 上海

"我想要世界
更了解中国，
传统的民间艺术
植根于
我们是谁。"

刘从 12 岁就开始学习皮影戏。"我曾经十分喜爱民间故事和寓言，这也是我之所以热衷皮影戏的原因。我请当地的一位木偶大师收我为徒弟，跟着他在节日和庆典上表演，直到我 18 岁参军。"

加入解放军后，刘成了文工团的一员。他在那里磨炼了自己的音乐、歌唱和舞蹈技能。遵循他的职责，他又担任了音乐教学的职位，在此期间，他学会了演奏许多传统的乐器。

"表演所需要的技能是多样的——你不能光学木偶戏。我们的表演是现场的，必须能够亲自操办一切。今天，人们可以在幕后播放 CD，但在那个年代，我们别无选择，只能自己演奏音乐。"

刘的这一页图片展现了他一生的创作历程。他自己动手制作乐器，所有的木偶都是他用驴皮做的。"在妻子的帮助下，我做了一辈子的木偶。我收藏了很多木偶，它们在我内心占有重要的地位。有些木偶已经有三十多年的历史了，如果其中一个断裂了，我还能把它修好。"

刘是传统民间艺术的热心支持者。他退休后，有人雇他当文化社区经理。目前，他依然在当地的两所小学教授艺术课程。

引人注目的物件
收录了许多现代京剧的红皮书：其中包括《智取威虎山》《红灯记》和《沙家浜》。
录有一场演出的磁带。

罗拉·祖科蒂－韦伯斯特于 2014 年 7 月 5 日（周六）所触碰过的物件

第一排： 森林家族玩具（×30）；米瑟德洗手液；厕纸；宜家毛巾；宜家杯子；奥美盘子和吐司面包；长睡衣；牙刷；高露洁牙膏；化妆玩具盒；唇彩；束发带；迪士尼发刷；H＆M 运动紧身裤；佩斯凯拉 T 恤衫；COS 开襟毛衣；耐克运动鞋

第二排： 琥珀切斯午餐盒；水壶；汽车幼儿加高座位；理查德·斯凯瑞所著的《人们整天都在干什么？》；当斯拜茨 T 恤衫；各种各样装有奶油卷包和葡萄的琥珀切斯小吃盒；奎弗斯土豆泡芙卷；餐巾纸；记事本；钢笔；织带手镯（×3）、织带和小狗形状的罐头；家庭作业文件夹和《音乐家：陈美》；肯辛顿皇宫纪念铅笔；橡皮；作业纸

第三排： 《和马蒂斯一起玩剪纸》；沃利戈马胶水；剪刀；纸制艺术品（×2）；花园小子背包；厕纸；普里马克泳装；左格斯泳帽；游泳镜；迪士尼奇妙仙子毛巾；盖普儿童连衣裙；H＆M 米妮女士内裤；吉卜林先生蛋糕；帕尼尼 2014 世界杯贴纸本、贴纸包装（×2）和贴纸（×10）

第四排： 宜家杯子；装有保护套的苹果小尺寸平板电脑；蓝牙耳机；强生婴儿洗发水；多芬香皂；博姿护发素；米奇面巾；鸭子形状的搓澡球；儿童沐浴玩具（×2）；艾维诺保湿霜；米妮毛巾；布茨创可贴；赫马长睡衣和普里马克女士内裤；棒约翰比萨盒；米妮杯子；装有比萨的盘子；装有草莓的赫马碗；厕纸；微软 360 游戏机和《大冒险！》游戏；体感电视支架摄像头；微软游戏机控制器；三星电视遥控器；黛西·米多斯所著的《河仙米莉》；婴儿棉玩偶

罗拉

7 岁 | 伦敦

> "每个周六
> 我都很忙，
> 我做我爱做的
> 一切事情。"

时间是早晨七点，地点在罗拉家中。

罗拉睁开眼，伸手去拿森林家族玩具，随后开始玩耍。她沉浸在游戏中，小心翼翼地摆放着玩具人物。"我会编故事。我把这些动物想象成其他人，比如一个国王或是一个王后。我会把这个儿童室想象成一座城堡……"玩具是通向她想象世界的大门。只要她手上有一个玩具，她的脑海里就浮现出一个游戏。出于这个原因，我爱问我的女儿，"罗拉，你在玩什么呢？"她就把我带到她想象世界中的一个新的地方。

没过多久，她就得放下玩具去吃早饭，为她的舞蹈课做准备："我在为夏季演出排练凯蒂·佩里的'烟花'。"在车子里，罗拉读她最爱的书《人们整天都在干什么？》。她总是带着她打包的午餐："将一个个小盒子打开，看到里面装着的食物的那一刻，我十分开心。"

她的主色调是柔和的粉红色，像一幅幅彩色蜡笔画。她仔细呵护她的物件，这反映出她关怀的天性。在家中，她知道每样物件摆放在哪里，她也能讲出有关她的物件来自哪里的故事。

在玩耍期间，她会安静地坐下摆弄编织带、做手工和翻阅贴纸本。周六的夜晚是特别的："我们把这些夜晚称为'电影之夜'。我们会到很晚才睡觉，看一部电影，或是全家人一起玩游戏和吃我们想吃的东西。"

引人注目的物件

纸杯蛋糕——柔软的毛绒小狗："我总是和他一起睡觉。他真的令人想拥抱，让我身上暖暖的。"

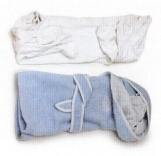

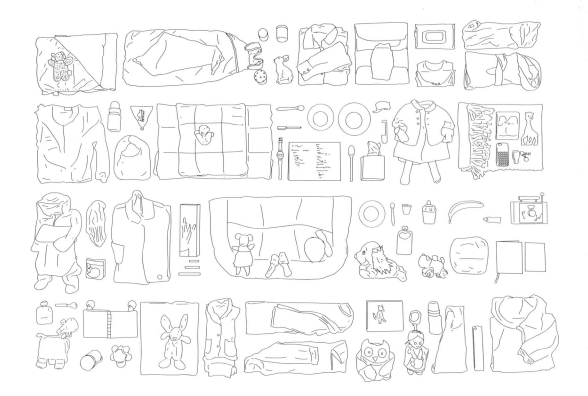

玛戈·利弗莱于 2015 年 1 月 26 日（周一）所触碰过的物件

第一排： 放有约翰·路易斯毯子和凯西·金德斯顿编制大象玩具的床单；棉布和约翰·路易斯婴儿睡袋；婴儿护肤膏；苏达克里姆罐子；从"不在大街上"个性化礼物交易平台购买的毒蘑菇和兔子灯；妈妈的盖普睡衣上装；梅西尿垫和塞恩斯伯里纸尿裤；阿斯达婴儿湿纸巾；M＆S 无袖连衣裤、睡袍和婴儿浴衣

第二排： 妈妈的拓扑肖普衬衫；新安怡奶瓶；围嘴；妈妈的项链和发夹；手工编织的毯子、垫子和果冻猫北极熊毛绒玩具；汤美天地勺子；凯西·金德斯顿碗；贝罗尔钢笔；妈妈的卡西欧手表；记录表：玛戈碰过的每一样东西；妈妈的陶瓷碗和勺子；舒洁纸巾和盒子；药棉；汤美天地梳子；特克斯宝宝连衣裙、小帆船开襟毛衣和 M＆S 紧身裤；放有《农场上》、长颈鹿苏菲出牙嚼器、iPhone5C 手机保护套和奔驰车钥匙的毯子

第三排： 宝宝比约恩婴儿背带和小白公司羊毛婴儿连体外套；帽子；帕登斯布书；妈妈的盖普外套；塞恩斯伯里面包棍；放有老鼠芭蕾舞演员布绒玩具、袜子和姐姐的束发带的玩具垫；塑料碗；勺子；露西毛绒玩具狗；优活谷地小优活酸奶罐；喜宝有机袋；布茨烧杯；玩具猫；香蕉；面巾；保治灵长牙用舒缓牙膏；复古收音机玩具；2015 年日记本；收到的感恩卡片

第四排： 艾拉厨房袋；汤美天地勺子；乐购长颈鹿布书；洗澡书；汤美天地烧杯；海龟洗澡玩具；飒拉家用毛巾和果冻猫兔子毛绒玩具；原始睡衣公司品牌睡衣；玛莎姐姐的母婴护理长睡衣；泰比莎姐姐的凯西·金德斯顿长睡衣；茱纳森·唐纳森和阿克塞尔·舍夫勒所著的《狐狸的袜子》；跳绳猫头鹰毛绒玩具；拉梅兹毛绒玩具娃娃；新安怡奶瓶；棉布；LG 电视遥控器；爸爸的盖普针织套衫

玛戈

6 个月 | 伦敦

> "许多物件
> 她一碰到就直接
> 塞到嘴里。"

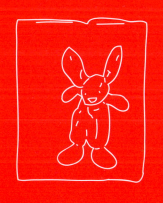

玛戈 6 个月大，有两个姐姐。她的母亲比琳达通常会试着猜测她的需求。但在这一天，比琳达做出了一个慎重的决定——让玛戈自己控制物件。"往后退一步，看看玛戈触碰她自己想要的物件，是件不错的事。"

玛戈这个年龄段的婴儿会因为新的发现而高兴。她喜爱汽车钥匙叮当作响的声音。如果她触碰的物件给她回应，她就乐不可支。灯和声音在初次造访玛戈时，都给了她绝妙的惊喜。她还对不同的质地感兴趣。

"早上她喝第一瓶奶时，会伸手碰我的首饰，拉我的头发，并试图将我的发夹拽走。"比琳达告诉我。

玛戈正在断奶。现在，她会逐渐体验到不同口味、质地和温度的食物。她爱啃长颈鹿苏菲出牙器和她母亲的手机保护套。

引人注目的物件
兔子毛绒玩具：玛戈边嚼她可爱的兔子的耳朵，边咕哝着入睡。

迈克·韦伯斯特于 2013 年 10 月 29 日（周二）所触碰过的物件

第一排： iPhone5 手机；手机充电器；本西蒙男士内裤；放有强生洗发水、凯多派因洗发水和多芬香皂的宜家防滑垫；放有艾维诺保湿霜的毛巾；布朗欧乐–B 电动牙刷；舒适达牙膏；富奇发蜡；像个男孩果汁冰糕淡香水；保湿霜；多芬男士护理除臭剂；盖普男士内裤和保罗·史密斯袜子；16 公斤和 6 公斤壶铃；优衣库牛仔裤和安德森腰带；COS T 恤衫；洛夫特针织套衫；宜家特百惠塑料容器和异维甲酸药物；斯科狄昂玻璃杯；倍乐醇酸奶饮料

第二排： 垃圾箱盖；塞恩斯·希尔斯猫食；装有猫食的宜家碗；饮水碗；苹果笔记本电脑和爱卡美迪保护套；理查斯特 A4 记号笔衬垫；工作素描；哈特穆特·埃斯林格尔所著的《细线条：设计策略如何塑造商业未来》；韦娅钱包；奥贝围巾；印有"PING"字样的诺基亚手提包；吉尔·桑达鞋子；洛夫特外套；巴伯书包；松拓手表；美国运通卡和巴克莱牡蛎信用卡；房间钥匙和曼奴范克顿钥匙圈；牡蛎卡充值收据

第三排： 小蜜缇润唇膏；我们是超级阴谋品牌耳机；星巴克杯子、衬垫、卡、纸巾和搅拌棒；2.30 英镑；办公室钥匙；宜家马克杯；茶袋；水壶；克莱文戴尔牛奶；苹果无线鼠标；通串线电缆；手提电脑充电器；理查斯特 A3 记号笔衬垫、日光细笔尖钢笔、潘通记号笔、马吉克记号笔（×2）、潘通记号笔（×12）和盒子；叉子和刀；装有鸡肉莴笋百吉圈、奶酪和番茄的盘子；斯坎迪恩玻璃杯；香蕉；厕纸；苹果 VGA 适配器；施德楼活动挂图用钢笔；订书机；尺子；赫维提卡铅笔袋；雅丽钢笔；派通铅笔；USB 存储条；素描；塞恩斯伯里包和收据；卡门西塔斯胡椒粉；放在砧板上的鳄梨和黄瓜；查蒙蒂纳刀

第四排： 得力牌烤面包机；装有樱桃番茄、火腿和塔饼的盘子；小仙子洗碗机药丸；保罗·史密斯外套；耐克运动鞋；汽车钥匙；高尔夫世界会员卡和收据（×2）；高尔夫球杆（×3）和球；品托玻璃杯（×2）；酒吧收据；海氏衣架；佳洁士牙线棒；欧乐–B 布朗电动牙刷头；苹果平板电脑充电器；苹果平板电脑

迈克

41 岁｜工业设计师｜伦敦

"不言而喻
（Obvio）。"

Obvio 是西班牙语中的"obviously"（不言而喻）——我请迈克记录下他的一天时，他这么回答我。无论何时，我请他帮我干我想要做的任何事，他都会这么回答我。他是我的爱人，我的决策咨询人。他也是一名设计师，他设计了这本书中的人每天触碰的一些物件。

我看着迈克的照片，能够从每一样小物件中看到他的身影。他的衣物、速写本、铅笔袋，这些是我每天与之生活的物件，我看着他使用这些物件，能够重现他的一天——我知道他的节奏。

从拍摄这些照片至今，已经发生了很多事，从中能看出这些照片捕捉到的真是白驹过隙的一刻。那时，迈克还在西摩鲍威尔工作，而现在，我俩一起经营着"TheOverworld"。他的例程和通勤也改变了，他已不再使用那个绿色的小背包。他不像以前那样热衷健身，比起打高尔夫球，他把更多的时间花在踢足球上。然而，他的记号笔和理查斯特总在那里：这就是迈克。

这是我的第二张照片。2013 年，我们还不清楚这个项目会进展得怎样，也没料想到整个家庭将会变成一个小小的制作组。那时迈克当然不知道我将需要他提供多大的帮助。但他一直在我身边，不言而喻。

引人注目的物件

海氏衣架：我们从柏林带回家近百个衣架——我俩似乎在每次旅行时都禁不住会去挑战搬运那些沉重、危险和易损坏的物件。

苹果平板电脑：我和孩子们外出时，迈克终于有时间补看他在平板电脑里下载的那些文件了。

LARGE
FANCY
ROOM
FILLED
WITH
CRAP

米兰达·斯考克泽克于 2015 年 3 月 11 日（周三）所触碰过的物件

第一排： 装在枕头套里的枕头；女士内裤；iPhone5S 手机；耐克瑜伽紧身裤和上衣；苹果手机充电器；厕纸；彪马运动鞋；男士内裤（儿子的）；帕帕雅凉鞋（儿子的）；夹有衣夹的浪漫起时 T 恤衫（儿子的）；锡德短裤（儿子的）；忍者神龟塑胶人；立方体机器人拼板玩具；立顿绿茶；斯康锅刀具；刀；柠檬；卡夫花生黄油；陶瓷马克杯；斯佩尔特酵母面包；勺子；装有面包片的盘子

第二排： 戴维·施里格利抹布；儿子的高露洁牙刷和牙膏；肥皂；玛丽麦高法兰绒；高露洁牙膏；舒适达牙膏；阿莎普卸妆乳；米索尼毛巾；伊索抗氧化保湿霜；妮维雅除臭剂；发胶；艾拉·麦克弗森文胸和女士内裤；厕纸；弗罗姆上衣；激进的肯定品牌鞋子；复古纳瓦霍袖口手链；TS1 衬衫；花期女性香水；兰蔻睫毛膏；唇膏；手镯；胸针（×2）；卢卡斯巴婆果软膏；钥匙圈、房间和汽车钥匙；香奈儿精度系列护手霜；骷髅戒指；信用卡；戈尔曼钱包；乔尼·南利手提包；蒂埃·拉斯利太阳眼镜和眼镜盒

第三排： 绘画牛仔裤；厕纸；匡威全明星运动鞋；橙色和粉色的塑料胶带；橙色荧光笔；宽画笔；长画笔；橙色和蓝色的油画颜料；小型画笔（×2）；蓝色遮盖胶带；画笔（×2）；绿色颜料混合罐；粉色和紫色颜料混合罐；油画颜料（×4）；香蕉；蓝莓（×10）；羊角面包；溶剂瓶；调色盘；米兰达的绘画作品；依云矿泉水；外带咖啡；蒂埃·拉斯利眼镜；购物袋；收据；糖果；木质玩具（儿子的）；普罗科菲耶夫所著的《彼得与狼》；相片（×2），其中一张是哈珀；戈尔曼阳伞；玛塔·阿尔泰斯所著的《我是一个艺术家》；玻璃杯；厕纸；三星遥控器；放在盘子中的寿司卷

米兰达

38 岁｜艺术家｜墨尔本

> "我总是贪婪地享受视觉上的刺激。"

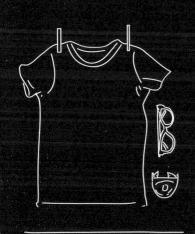

《安邸》杂志，西班牙文版日常物件是米兰达灵感的又一源泉。只要参观一下她的家和工作室，我们就能洞见激励她和影响她风格的是什么：充满生机的颜色、宗教小雕像、玩具、面具、墨西哥惠考尔彩绘、维多利亚刺绣、民间和古代艺术品。"我总是在日常生活中找寻美。我不停地浏览光鲜的杂志、书籍和网页，花时间在易趣上搜寻酷玩意儿。这样的生活很混乱，但也十分有趣。"

米兰达对艺术的痴迷已超越了典型的表达渠道——诸如艺术、装饰和她时尚的服装款式。就连她最为平常的日常用品，如艺术家戴维·施里格利设计的抹布、玛丽麦高法兰绒和米索尼毛巾，都展示了她对色彩、图案和排印的喜爱。

身为一个自由职业的艺术家和一位单身母亲，米兰达的时间都分配给了家和工作室。她一起床就负责替4岁的儿子哈珀穿衣和洗漱，但许多次她都会在夜里回到工作室。"即便我不画画，我也得去那里坐一下，看看我的作品。"

米兰达对自己拥有的一切物件都倾注了感情。当她将一个个物件递给我时，便开始兴致勃勃地描述起来。她有一群艺术家和设计师朋友，因此她的大多数物件都是礼物或是交换物，并且每一样物件都有自己的背景故事。

引人注目的物件

哈珀夹有衣夹的浪漫起时T恤衫：米兰达直接将它从晾衣绳上取下替哈珀穿衣。
复古纳瓦霍袖口手链：由艺术家米索设计，米兰达将它戴在有文身的手上。
蒂埃·拉斯利太阳眼镜：已被改装成光学镜框。

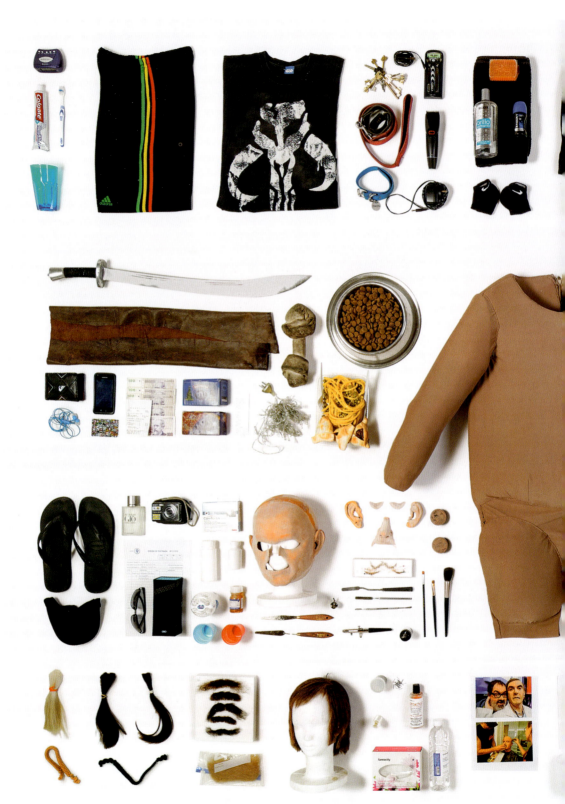

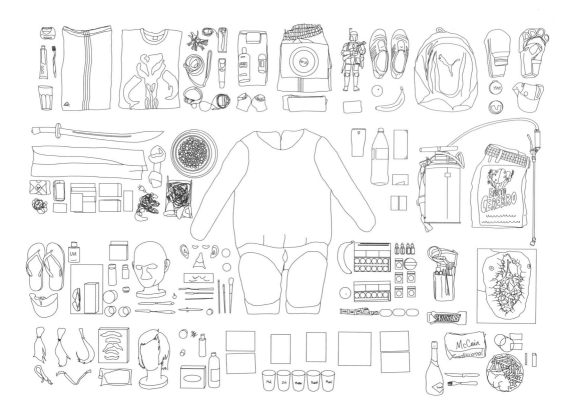

塞巴斯蒂安·莫尔查斯基于 2014 年 12 月 18 日（周四）所触碰过的物件

第一排: 闹钟；高露洁牙膏；牙刷；玻璃杯；阿迪达斯短裤；《星球大战》波巴·费特 T 恤衫；钥匙；狗绳和狗项圈；吉列马赫 3 剃须刀；发夹；手机充电器；毛巾；甘油肥皂；卡皮莱蒂斯·布里略·埃什特雷穆洗发水；埃蒂奎特除臭剂；耐克翻口短袜；运动服下装；功夫 T 恤衫；秋衣；波巴·费特小塑像；厕纸；阿迪达斯运动鞋；橙子；香蕉；彪马背包；功夫手套；DRB 护唇和盒子；耐克帽子

第二排: 功夫马刀和马刀保护套；极速骑板钱包；耳机；三星手机；悠游交通卡；500 阿根廷比索和收据；盒装 LED 灯（×2）；收据；LED 灯；骨头状的狗嚼玩具；装有狗食的碗；面条和法泰油酥点心；增肥装；吉尼斯玻璃杯；可口可乐瓶；笔记本；名片夹和艾菲图大脑名片（×2）；特效血泵；带有艾菲图大脑标志的裤子和镶嵌金属的腰带

第三排: 哈瓦那人字拖；帽子；阿玛尼寄情男士香水；索尼数码照相机；第九运河报名表；英菲尼太阳眼镜和盒子；康馨除跳蚤药片；塑料瓶（×2）；棉签；化妆发胶；塑料杯子（×2）；硅胶面罩和聚苯乙烯头像；调色刀（×2）；硅胶耳朵、眼皮和鼻子；放在盒子中的毛发样品；刮刀（×3）；喷枪；喷枪颜料供给装置；肤色矫正化妆品（×4）；化妆刷（×3）；香蕉；肤色矫正化妆品盒和刷子（×2）；橙子；彩色颜料；菲士糖果（×5）；肤色矫正颜料瓶（×4）；肤色矫正化妆品（×5）和海绵；药棉（×3）；装有工具的化妆带；超大码的士力架巧克力模型；除去胸部的女性躯干道具

第四排: 化妆用接发（×5）；八字须（×5）；络腮胡子；带有假发的聚苯乙烯头像；带有饰针的桶；棉线；黏性物质脱离剂；纸巾；矿泉水瓶；演员和扮演者的照片（×7）；贴有名字的塑料杯（×5）；男爵 B 香槟；麦凯恩传统冰冻薯片；刀和叉子；玻璃杯；海尔曼蛋黄酱袋（×2）；盘子、薯片和炸肉排；大麻烟卷；打火机

莫尔

37 岁 | 特效艺术家
| 布宜诺斯艾利斯

"我要将
不可能的事
变为可能。"

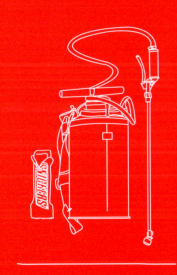

塞巴斯蒂安·莫尔查斯基，又名莫尔。清晨起来，他做的头几件事分别是遛狗、洗澡和玩儿姐姐送给他的波巴·费特塑胶人。"我能够不厌其烦地玩这个玩具。转动它的肩膀，按下按钮，就会发出不同的声音，我总是会因此而开心。"

随后，莫尔和他的狗一起吃午饭。吃过午饭，他前往运河9电视台。他在那儿为一场夜间脱口秀《多马的杜罗》工作。这份工作他已经干了18个月，这个节目以角色再现型演员为特色。为此，莫尔制作了许多增肥服和面部假体，以求最大程度地配合他所扮演角色的美感。同时，他会用一套不同的发式，其中还包括眉毛和眼睫毛。

我们会面时，莫尔的节目已是最后一集了。这也解释了我们为何会看到男爵B香槟和贴有节目组成员名字的杯子。"我们总会给杯子贴标签，以防混淆，也减少了浪费。"庆祝活动继续着，直到凌晨两点，莫尔才回家。莫尔自己的公司——艾菲图大脑——曾负责制作《摩托车日记》《幸运星卢克》和《札马》的特效。

引人注目的物件
金属箱和泵：莫尔用这些工具制作出逼真的血液飞溅的场景。
超大码的士力架巧克力：莫尔为一个电视广告而制作的。

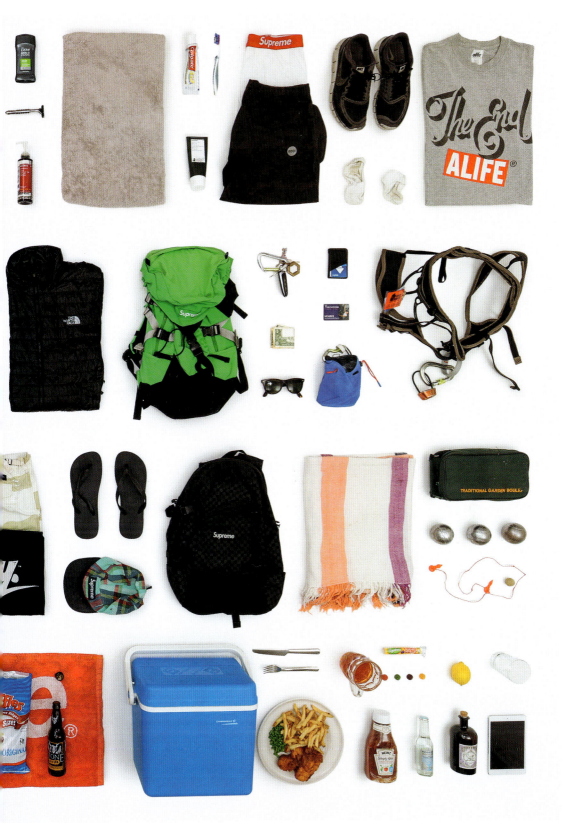

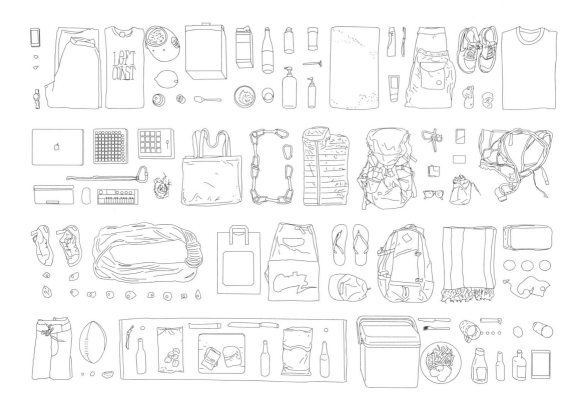

尼克·福斯特于 2015 年 3 月 28 日（周六）所触碰过的物件

第一排： iPhone5 手机；耳塞；富利斯手表；卡文克莱睡裤；思达西 T 恤衫；猫头鹰状猫食容器和盖子；服务铃；猫食杯子；葡萄干麦片；茶勺；三叶草 1% 含脂乳；装有麦片的碗；圣培露矿泉水；玻璃杯；巴巴索尔剃须膏；海飞丝洗发水；多芬男士护理极度清新止汗剂；吉列超级感应剃须刀；珂诺诗沐浴露；毛巾；牙膏和牙刷；珂诺诗薄荷茶身体乳；至高牌内裤；穆恩短裤；耐克运动鞋；翻口短袜；人工生命 T 恤衫

第二排： 苹果笔记本电脑；苹果无线键盘和鼠标；乐器数字接口操控板；系有带子的安全钩；青少年工程 OP-1 音响合成器；雅佳乐器数字接口操控板；鸟巢；北面大手提包；安全钩（×11）；北面羽绒夹克；至高牌背包；安全钩钥匙圈和钥匙；银色钱夹和 3 美金；雷朋太阳眼镜；卡包型钱包；攀爬中心会员卡；镁粉袋；攀爬保护带

第三排： 拉斯珀蒂瓦登山鞋；各种各样的攀爬支撑物（×11）；登山绳；皮德蒙特购物袋；思达西短裤；唯一 T 恤衫；哈瓦那人字拖；至高牌帽子；至高牌背包；毯子；法式滚球包、法式滚球（×3）、短桩测量物和插口

第四排： 思达斯男士游泳裤；威尔逊国家橄榄球联盟美式足球；沙滩鹅卵石（×3）；至高牌沙滩巾，其上放有开瓶器、瓶盖（×2）、特鲁默·皮尔斯啤酒、帕比薯片、自制刀鞘、面包刀、放有火腿拖鞋三明治（×2）的砧板、特鲁默·皮尔斯啤酒、拉弗尔斯薯片和斯通 IPA 啤酒；盖世冰盒；刀和叉子；装有鱼、薯片和豌豆的盘子；一品脱拉格啤酒；朗特里水果口香糖（×4）和包装；亨氏番茄酱；蓝桉奎宁水；柠檬；猴子 47 杜松子酒；玻璃杯；苹果小尺寸平板电脑

尼克

39 岁｜工业设计师｜旧金山湾区

"随着我年纪的增长，我在尝试
那条真理所说的：
用更少的东西
换取更优质的
物件。"

第一碰手机，第二碰耳塞。

"有亲戚朋友从英国来看望我们时，我会戴耳塞。因为他们在倒时差，你猜不准他们会在几点醒。"

尼克来自英国。三年前，他因为工作原因和妻子杰恩（见 113 页）移居至湾区。这个决定给他的生活方式和购物习惯带来了改变。"在伦敦时，我会花很多钱去买时尚服饰和名牌服饰。虽然我现在还会这样，但我更情愿把钱花在户外用品上。比起一双运动鞋，我更愿买一个帐篷。我在寻找的是带我去历险的通行证，而不是那些让我看起来帅气的东西。"

作为一名工业设计师，尼克无时无刻不在思考他一天触碰过的物件摆在帆布上会是什么样子。他很好奇多样性和地理位置的不同是如何在物件上呈现出来的。"你能在任何地方找到一切东西——物件在延展，网络是风格和品位的传播者。"尼克边说边取他的水果口香糖。

周六的早晨，尼克在家制作音乐。随后，同杰恩和朋友们一起出去攀爬，他们在缪尔沙滩边野餐边玩法式滚球和橄榄球。最后，在佩利肯旅馆点上一份鱼和炸土豆条来结束一天的生活。回到家后，尼克从他的 30 瓶藏酒中取出一瓶杜松子酒，在门厅外边喝边放松。

引人注目的物件

铃铛：用来召唤猫吃食。
猫头鹰：猫食容器和盖子。
鸟巢：这天尼克在花园里发现了它。

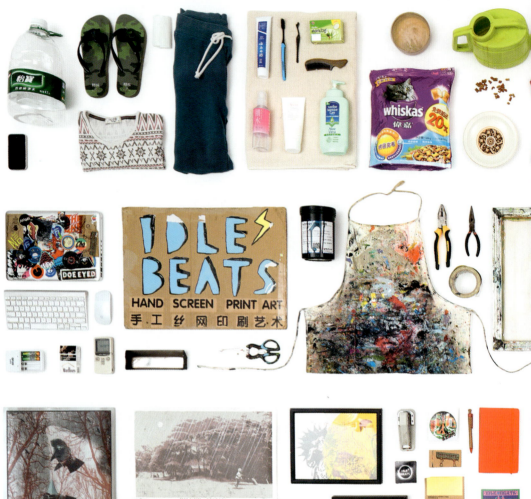

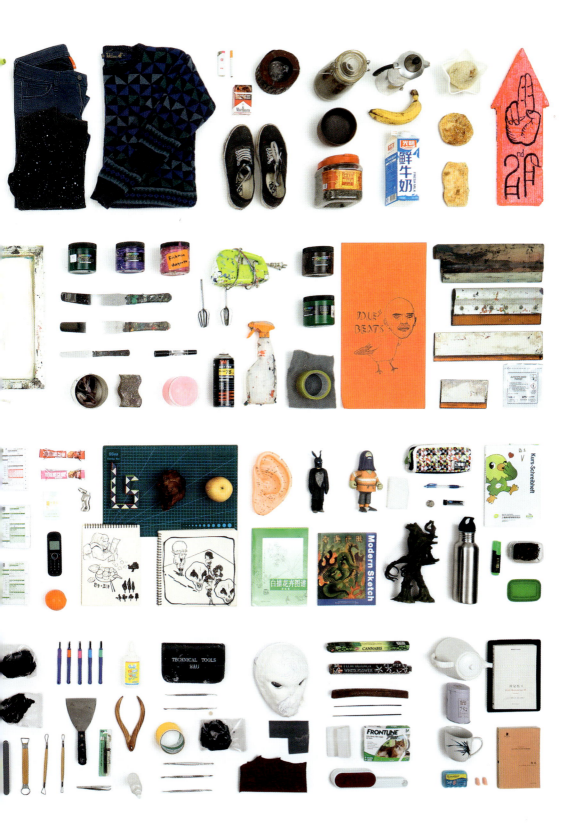

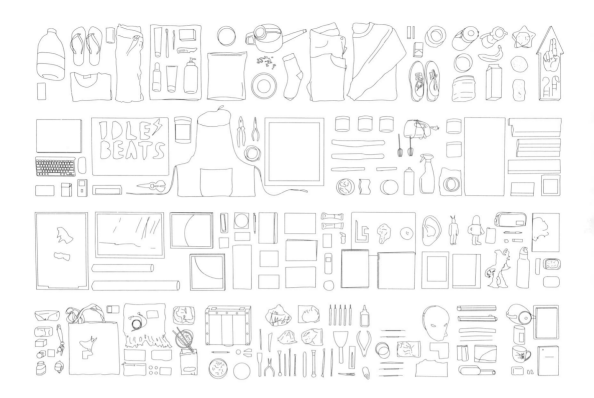

孙妮妮于 2015 年 2 月 27 日（周五）所触碰过的物件

第一排： 怡宝饮用水；iPhone4 手机；人字拖；伊卡睡衣上装；厕纸；睡裤；毛巾；云南白药牙膏；高露洁牙刷；眉毛剃刀；酪梨香皂；梳子；资生堂喷剂；雅漾润肤霜；凡士林润肤液；碗；猫食；喷壶；散开的猫食；盘子；袜子；优衣库牛仔裤；T 恤衫；塔尔詹针织套衫；打火机；香烟；万宝路牌香烟；烟灰缸；范斯牌鞋子；咖啡罐；碗；黑芝麻壶；渗滤式咖啡壶；香蕉；鲜牛奶；星星形状的碗，里面装有米饭和肉丸；早餐芝麻油酥糕点（×2）；妮妮的标识艺术作品（第二层楼）

第二排： 苹果笔记本电脑、键盘和鼠标；装有电池（×2）的充电器；万宝路香烟；空调遥控器；颓废节拍标识；乳剂盘；剪刀；抗性乳剂；围裙；钳子（×2）；遮盖胶带；打印屏幕；绿色、紫色和洋红色墨水；调色刀（×3）；放有布条的壶；海绵；电动搅拌器；黑色钢笔；蜡；3M 超级多用 75 号喷胶；喷瓶；棕色和绿色的墨水；毛毡布和胶带；颓废节拍版画；各种各样的橡皮刮水刷（×4）；重氮基粉末

第三排： 颓废节拍自己的版画；邮寄用管（×2）；颓废节拍带框版画（×2）；订书机；颓废节拍贴纸（×8）；钢笔；仿鼹鼠皮笔记本；快递单（×3）；维维嚼益嚼营养棒（×2）；中南海香烟；无绳电话；橙子；新奇型打火机；切割垫；蛇状魔方；菠萝树根瘤；苹果；素描本（×2）；针灸耳部模型；"线绘花案"素描本；"现代素描"书；《死亡幻觉》兔子模型；詹姆斯·贾维斯的亚摩斯可动人偶；厕纸；铅笔袋；钢笔；橡皮；装在盒子里的铅笔芯；树胡、《指环王》模型；细颈瓶；德语语言书；荧光笔；装在带盖塑料容器中的茶叶

第四排： 太阳眼镜盒；奥林巴斯 35mm 照相机；富士冲印 35mm 胶卷；白虎镇痛膏；金橘糖；明信片；钥匙；苹果手机充电器；颓废节拍帆布包；购物卡；围巾；苹果耳机；出租车发票；120 元；钱包；硬币；中国招商银行信用卡；鸡蛋、蔬菜和米饭；蔬菜肉汤和筷子；装在外卖袋里的炸虾；工具箱；切割工具；戒指；木质搅拌器（×2）；搅拌碗（×2）；黏土（×4）；画笔；木质调色刀；油灰刮刀；钳子；泥塑工具（×7）；指甲锉；切割工具（×5）；油灰刮刀；胶水；木质测径器；薄膜包装的力性抓握；镊子；塑料瓶；技术工具包；切割工具（×5）；遮盖胶带；装在袋子里的黏土；妮妮制作的面罩；砂纸（×2）；大麻和百花熏香包装；香座；香柱（×2）；厕纸；前线猫虱除剂；猫刷；茶壶；茶叶罐；马克杯；耳塞盒和耳塞（×2）；苹果平板电脑上的让·鲍德里亚所著的《冷静的回忆 4》；弗勒贝尔·迪伦马特所著的《抛锚和其他短篇小说》

妮妮

28 岁 | **艺术家和设计师** | **上海**

"我整天都在
制作东西，
我觉得我需要
少花点儿
时间工作，
多花点儿时间
玩耍。"

妮妮称得上是一个世界公民。她穿日本优衣库的牛仔裤、美国加利福尼亚的范斯鞋和英国坎布里亚郡的塔尔詹针织套衫。她是颓废节拍的创始人之一，颓废节拍是中国首个独立版画工作室。

妮妮说，能生在一个新兴的、开放的中国，她感到很幸运。"我们十分幸运。我们有机会做自己喜欢的事，知道作为一个人我们是谁。我们感到自己是世界的一部分——我的父母从未经历过这样的自由和机遇。"

妮妮属于拒绝墨守成规的新一代人，也是中国富有创造力的年轻一代。同时，她代表了中国计划生育的第一代人。如今，这群孩子已30岁左右了。他们工作努力、才华横溢，最重要的是他们能自学成才。花了一下午时间绘制专辑封面后，妮妮在一本花卉插图书和有关复古宣传海报的中文书《现代素描》中找寻灵感。

将来的某一天，她可能会移居德国柏林。因此，她现在每晚都会花一小时学德语。"我需要做一些新奇的事，这些事无关制作和创作。偶尔我需要停下创作，休息一会儿。"

引人注目的物件
厨房搅拌器：妮妮用它来调色，这是产品颠覆的绝佳例子。
金色奥林巴斯 35mm 照相机：几乎过时了，但还不是老古董。

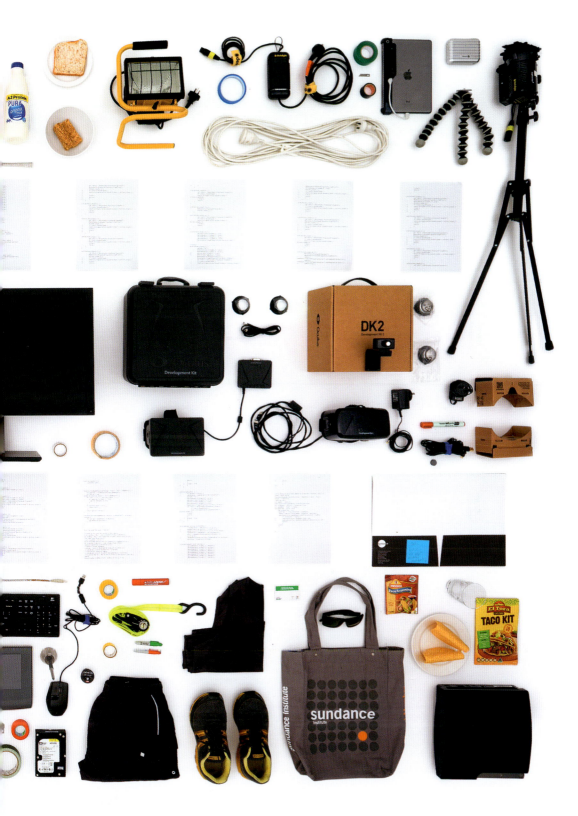

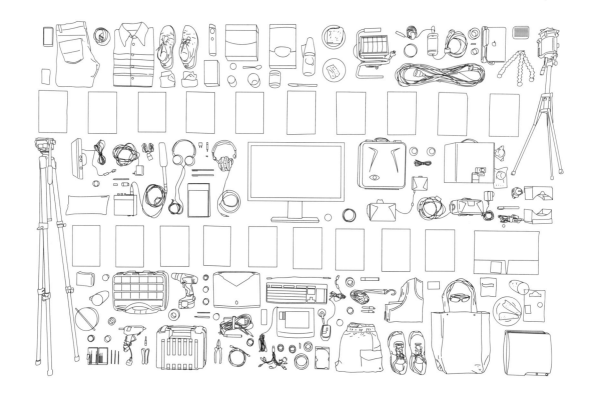

奥斯卡·拉比于 2015 年 3 月 11 日（周三）所触碰过的物件

第一排： 谷歌手机；厕纸；拉斯提裤子；巴里洛切的手艺皮带；从二手店买来的衬衫；麦乐牌鞋子；莫内德袜子；妮维雅男士除臭剂；咖啡盒和胶囊；新康利麦片盒；勺子；甜味剂；马克杯；普乐士谷物片；维吉米特黑酱；牛奶；刀；装有面包片的盘子；装有新康利麦片的碗；工业台灯；带有电缆插头的调光器；蓝色遮盖胶带；白色延长电缆；绿色绝缘胶带；刀片；黑色胶带；3D 扫描仪和苹果平板电脑；便携式电源装置；吉里亚三脚架；聚光灯

第一排和第二排之间：为《赞同》写的编码脚本

第二排： 曼富图三脚架；体感电视支架和电缆；黑色胶带；铅笔袋；插头适配器和电缆；铅笔；卷笔刀；橡皮；麦克风电源装置；麦克风底座；罗德牌麦克风；索尼耳机；立体声 – 单声道适配器；音频插座连接器；粉色和黄色的毡头笔；伊戈尔·格隆斯托克所著的《极权主义艺术》；铁三角耳机；监控器；遮盖胶带（×2）；虚拟现实眼镜开发套件；虚拟现实头戴式显示器和控制盒；镜片（×2）；通串线电缆；虚拟现实眼镜开发套件 2；虚拟现实头戴式 DK2 显示器和电缆；插头；镜片（×2）；插头；红色马克笔；通串线电缆；谷歌 I/O 虚拟现实耳机（×2）

第二排和第三排之间：为《赞同》写的编码脚本和文件夹

第三排： 方便面；咖啡胶囊；马克杯；碗和筷子；橙色、红色和银色胶带；精密旋具套装；工具箱；热熔胶枪；钻杆卡头；莱泽曼多刀工具；博世无绳电钻；绿色胶带；电钻盒；彩色胶带（×3）；钻头；插座；戴尔外星人笔记本电脑；咖啡胶囊；笔记本电脑插头；红色马克笔；钳子；以太网电缆；绿色胶带；通串线电缆；罗技键盘；药丸；触控板；通串线和各种各样的电源适配器；橙色、绿色和红色胶带；刀片；黑色胶带；数位板；罗技鼠标；硬盘；胶带（×2）；咖啡胶囊；红色马克笔；棘轮带；绿色和红色的迷你三福笔；塔吉特短裤和背心；耐克运动鞋；名片；太阳眼镜；圣丹斯帆布包；使命牌墨西哥卷饼调料；玻璃杯；装有墨西哥薄饼（×2）的盘子；墨西哥卷饼盒；索尼第三代游戏机

奥斯卡

37 岁 | **视觉艺术家** | **墨尔本**

"从事技术工作的魔力就是将技术变得无形。"

奥斯卡是一位出生在智利的视觉艺术家，目前从事虚拟现实方面（VR）的工作。他在近些年的国际电影艺术节中以一部名为《赞同》的高沉浸式虚拟现实纪录片一举成名。

《赞同》使观众得以体验奥斯卡的父亲——皮诺切特时期，智利军队的一名中尉所目睹的一群囚犯遭军政府裁决的场景。带上一个虚拟现实耳机，观众就可以像旁观者那样体验这一事件。"通过虚拟现实，创建一个视觉环境，一个只存在于电脑里的空间。"

从奥斯卡所展示物件的类型和规格中，我们可以看出要使这一切发生得有多复杂和需要多少技术。首先，奥斯卡要布置好工作室照明，扫描物件或是人物的体积。他会把一个 3D 扫描仪连接到他的平板电脑和一个体感电视支架上。他有许多固定物件的开发工具。光线十分重要："需要发射的是平光，因为一旦扫描仪遇到阴影，就无法聚集信息。"遵循这一点，他还配置了高档的录音设备，用来配合物件和人物。

奥斯卡的一天揭开了一个全新的世界，里面的物件是人们体验他展示的艺术时所看不到的幕后生活。

引人注目的物件

《赞同》脚本：在一个联合游戏主机中用 Java 脚本和 C-Sharp 编写的 20 页代码。"四个月的成果，有时我熬夜到很晚，这些都是人们所看不见的……他们经历的只是他们自身行为的结果。"

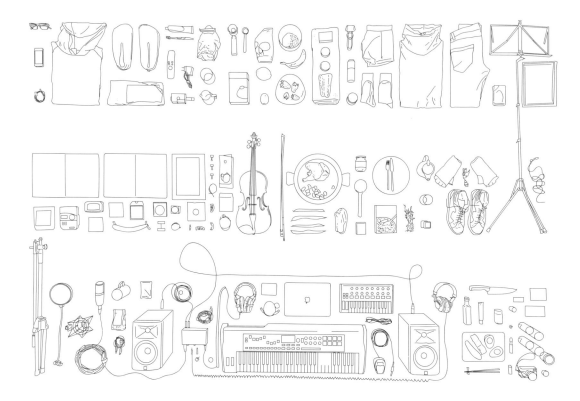

佩德罗·费恩古驰于 2015 年 3 月 20 日（周五）所触碰的物件

第一排： 英菲尼特眼镜；iPhone5 手机；充电器；斯莫格针织套衫；普拉纳室内便鞋；睡裤；西格纳尔牙膏；牙刷；三星电视遥控器；树莓派自制直播电视流光；充电器；用宜家夹子封住的欧玛咖啡；马克杯；牛奶罐；布里尔咖啡机把手；咖啡量勺；布鲁根燕麦片；帕恩玉米粉；橙子；猕猴桃；装有玉米粉、燕麦片和盐的塑料碗；香蕉；装有草莓（×4）的托格娜瓷盘；坎农毛巾，其上放有西番莲探戈香皂、罐装露诗洗发水、盖子和丝瓜络；松下电动剃须刀；阿克斯除臭剂；风格大师塑胶黏土；H&M 内裤；香蕉王国袜子；贝纳通上衣；快递牌牛仔裤；谱架；大卫杜夫男士香水；"巴赫第 6 组曲"活页乐谱

第二排： 欣德米特"中提琴鸣奏曲作品 25 第一号"活页乐谱；放在节拍器盒上的绿美人中提琴琴弦包装；老板贝特博士 D888 节拍器；科音 DT-3 数字调音器；螺旋线中提琴琴弦；卡西米尔·奈伊"中提琴第 24 号序曲"活页乐谱；扎尔加尔中提琴弦；拉森中提琴 G 弦；奥布利格托中提琴弦包装；埃弗斯勒中提琴肩托和支撑腿（×2）；凯什兰"钢琴和中提琴鸣奏曲"活页乐谱；放在毛布方巾上的拉里萨·戈尔德Ⅲ松香和盒子；中提琴弦；警察玩具；厚胶弱音器；铁夹子（×3）；单根的琴弦（×2）；厚胶弱音器；图尔特弱音器；放有单根琴弦的布；拉森中提琴弦；塞尔乔·佩里斯中提琴；沃尔特·夏芙琴弓；装有鸡肉和利马豆的炒饭锅；青豆（×4）；红辣椒；庄园主牌炸番茄；木勺；维拉的辣椒品牌红辣椒粉；放有叉子和刀的宜家盘子；布里兰特西班牙海鲜饭；迷迭香；色调 & 酿造茶壶；茶壶；中国瓷器茶杯；抹茶；无指手套；挂在乐高《星球大战》突击兵钥匙圈上的钥匙；戈尔德运动鞋；苹果耳机

第三排： 麦克风三脚架；声过滤器风挡；蜘蛛减震器；AKG 感知 220 麦克风；马克杯；惠塔德巧克力味印度红茶；通串线电缆；空间队长甜奶夹心饼；JBL 音箱（×2）；福库斯赖特·斯嘉丽 2i2 音频接口和 XLR 连接电缆（×3）；通串线电缆；戈尔登微型插口接孔；插座分离器；徽章；拜亚动力 DT-990 专业耳机；西部数据我的护照外接硬盘；通串线电缆；苹果笔记本电脑；奥克纳迷你实验室迷笛键盘控制板；诺维欣脉冲 61 迷笛控制键盘；通串线电缆；延音踏板；索尼 MDRV6 耳机；菜刀；酱油；芥末酱；奥利金·默肯罐头；放有黄瓜、三文鱼和鳄梨的宜家盘子；筷子和筷架；地铁车票；大麻研磨器；大麻；烟斗；比克打火机；康菲特钱包；20 欧元钞票；装有威士忌和水的玻璃杯（×2）；乐摸鱼眼相机；露诗洗面奶（×2）

佩德罗

44 岁 | 音乐家 | 马德里

"音乐不是
我的生命，
但它陪伴我
度过每一天
——演奏、学习、
创作，或者
仅仅是聆听。"

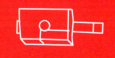

佩德罗无法想象他的生活除此之外还有什么其他选择。他从小在音乐的熏陶下长大，他的父亲是一个钢琴家和唱诗班指挥。而他当律师的母亲也是个业余唱诗班歌手。9 岁那年，佩德罗加入了位于布宜诺斯艾利斯的科隆剧院唱诗班，成为一名职业歌手。

作为三兄弟之一，他演奏中提琴，而他的两个兄弟分别演奏大提琴和低音管。这三位才华横溢的兄弟开拓了各自的音乐生涯。他们在世界各地几个音乐学院获得奖学金，并受邀进入同样的交响乐团演奏。而最令他们名声大振的，是参与拉美最大的乐团之一——苏打立体声乐队的不插电演唱会。

"我家总是其乐融融的。我的父母从不逼迫我们学音乐，我们只是自发地想演奏乐器。我们曾经盛装打扮，在父母面前合唱和演奏歌剧。"

夜晚，结束了一天的工作，佩德罗就会和女友克劳迪娅（见 5/ 页）一起演奏，他们正在创作一张电子探戈舞唱片。

佩德罗总是不紧不慢地过完一上午。吃完一顿营养早餐后，他开始发挥自己的创造力，直至夜幕降临时达到巅峰。他爱在家中工作，因为他能支配好自己的时间，可以演奏音乐、混音和录音。"我用手提电脑和你所见到的那些乐器，就能在家制作出一整张唱片。"

引人注目的物件
树莓派：一个由佩德罗自制的直播电视流光。

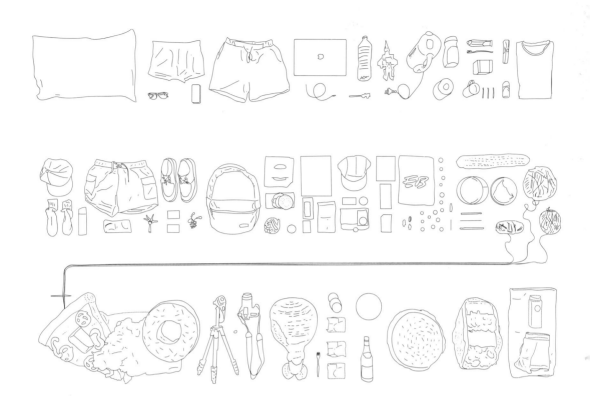

菲尔·弗格森于 2015 年 3 月 5 日（周四）所触碰过的物件

第一排： 装在枕套中的枕头；邦兹内裤；眼镜；iPhone5 手机；居家短裤；苹果笔记本电脑；苹果手机充电电缆；水瓶；铅笔；冲压发动 G1 人偶；水壶；雀巢速溶经典咖啡；厕纸；高露洁牙膏；牙刷；史维斯佩尔棉签；马克杯；单个的棉签（×3）；雷明顿剃须刀；罗龙除臭剂（菲尔不喜欢标签，因此将它剥除了）；特威德·里弗 T 恤衫

第二排： 帽子；阿迪达斯止汗剂；短裤；钱包；挂有钥匙的钥匙圈；鞋子；信用卡；麦琪公交卡；苹果耳机；弗里赖德背包；汉堡包装纸；放在纸巾上的汉堡；装在碗里的薯条；辣椒酱；《弗兰基》杂志；放在纸巾上的巧克力方块蛋糕；国家美术馆的维多利亚志愿者会员卡；写有"糖果食品店外卖"的棕色纸袋；粉色的制服帽（那天购买的）；帽子收据；"姬蒂娅·帕拉斯考什"贴纸；棕色纸袋，其上放有比萨形状的编织补丁；PS3 基础版游戏；收据；写给自己的便条"顾客点餐时说外带但最后堂食"；塑料购物袋；热狗乐高图形（×2）；硬币（16.80 澳元）；指甲剪；编织纱线针；编织"比萨饼皮"；带盖的纱线罐；各种各样的编织钩针（×3）；黄色、红色和绿色的毛线纱线

第三排： 编织钩针；编织"比萨"帽；枕芯（之前用来填充"比萨"帽）；编织"甜甜圈"帽；曼富图三脚架；佳能 70D DSLR 相机；三脚架座；编织"鸡腿"帽；叉子；酒杯；方便面（×3）；碗；红酒瓶；编织"汉堡"帽；编织"卷饼"帽；毛巾；妮维雅沐浴露；邦兹内裤

菲尔

22 岁 │ 针织帽匠和汉堡连锁店员工
│ 墨尔本

"我不知道怎样
去结交新朋友，
但这些帽子
使我在面对
志趣相投的人时
有话可讲。"

在将编织的帽子拍成照片在网络上分享之后，菲尔有了两万多名图片分享追随者，这些帽子使菲尔成了名，他被这突如其来的成功吓了一跳。大家也希望看到更多他编织的帽子，于是，菲尔正考虑他人生的下一步该如何走。与此同时，他白天在一家汉堡连锁店的柜台后工作。这是为"当下的生活"糊口，也是为了制作帽子。

菲尔说他不会出售这些帽子，因为他觉得自己的制作过程是用多少钱都换不回来的，但他希望这些帽子能帮助他投身一份创意工作。

和许多同龄人一样，菲尔没有给自己一个空档年去旅游。他说，在投身一份朝九晚五的工作前给自己一年的自由并不吸引人。更何况，他在未来许多年内依然无法买房、买车。

菲尔比较习惯的打扮是穿短裤，并且喜欢戴眼镜和制服帽，还背着一个背包。十年前的他，大概也是如此吧。"就是这样——这就是我。我家里没有太多家具，因此这些编织帽不是在我床上就是在我床边。"

他在家里会戴上自己编织的帽子，并架起三脚架自拍。

引人注目的物件

帽子填充物：这些来自枕头，每个枕头花上他不到 5 澳元，比起买填料，枕头更随处可见，搬运和储存起来也更容易。
给自己看的草草书写的便条"顾客点餐时说外带但最后堂食"：这流露出菲尔在收拾堂食餐桌上废弃的外卖包装时的沮丧。

皮耶达·贝琪兹·卢纳于 2015 年 3 月 23 日（周四），或任何一天所触碰的物件

《圣经》；修女服饰，包括白色头巾帽、黑纱、白色圣服、圣母无原罪始胎勋章、白色肩布、挂有念珠的毛线腰带和蓝色斗篷；凉鞋

皮耶达

44 岁 | 修道院的修女 | 马德里

"这里的时光
过得匆匆，
日子也飞似地
流逝。
我担心我的时间
会不够用。"

16 岁那年，皮耶达在厄瓜多尔当地的一所修道院谋得了一份差事。那天，她只是随便询问了一下入院的事宜，便匆忙地递交了所有需要的证明。她离开了就读的高中，哭着和家人朋友道别，随后跳上了夜班公交车，担心着这个时间点修道院会不会已经关门了。

最难的事是保持沉默。"我那时太年轻了，喜欢聊天，也常傻笑，因此我很难接受沉默。"皮耶达说着，露出冒失的笑容，"我那时还处于试用期，很担心他们不录用我。我看到最高的一座塔的砖窑里有个大洞，于是我想，如果他们不录用我，我会躲在那儿，至死都成为这个地方的一部分。"

皮耶达的一天被一个小时、一个小时地分割开来。她常常独自祷告或是参加集体祷告，练习唱歌，主持教育和培训，照看修道院和社区的工作（洗烫教区牧师周日弥撒时所穿的衣服）。

皮耶达无法将她的物件带到工作室。事实上，她已有 28 年未涉足外面的世界，于是我前往马德里的方济各会修道院拜访她。她在 24 年前调离至此，现在担任修道院院长。我们隔着栏杆对话。皮耶达从一扇窗内递给我她想要我拿去的一袋个人物品。当我问起她可能触碰的其他物件时——例如牙刷、马克杯和梳子——她看了我一眼，说道，"我无法给你看这些。"

引人注目的物件
所有未出现在这张图上的一切：有时，最为神圣和私人的物件是我们料想不到的。

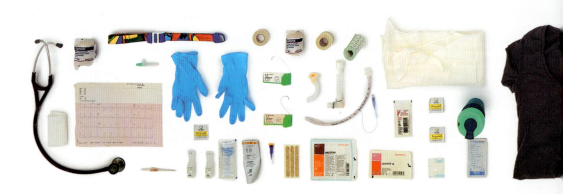

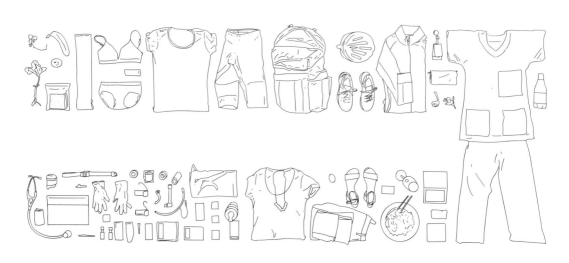

露丝·奥斯本于 2015 年 3 月 12 日（周四）所触碰过的物件

第一排： 毛线针织套衫（供猫穿）；UGG 雪地靴；HTC 手机；睡袍；厕纸；索诺斯扬声器；水壶；马克杯；茶袋；牛奶瓶；刀；勺子；袋装英式松饼；放有英式松饼的砧板；碗；装有维他麦燕麦片的碗；李子酱；牙膏；电动牙刷；厕纸；肥皂盒；肥皂条；毛巾；化妆包；娜迪奥保湿霜；裸色矿物覆盖粉底；刷子；粉底液；梳子；口红盖；口红；睫毛膏

第二排： 自家园子里产的樱桃番茄和莴笋；香蕉；苹果；装在塑料塑封袋中的三明治；抹布；文胸；厕纸；女士内裤；T 恤衫；耐克骑行紧身裤；泰奥加背包；头盔；耐克运动鞋；艾华朗骑行外套；医院身份卡；钱包；怀表；钥匙；急诊室医生防护衣；汽水

第三排： 听诊器；厕纸；绷带；多色医用止血带；针筒；心电图心脏监控结果；手套；酒精棉片；针筒滴针；盐溶液（×2）；盐溶液包装纸；医用胶带；绷带；皮肤缝合线包装（×2）；皮胶包装纸；皮胶；敷料包；医用胶带；古德尔导气管；连接器和内跟踪呼吸管；医用包扎绷带；吸附性敷料包；调带；敷料；酒精无菌垫（×2）；伤口敷料包；单个扑热息痛包装；保温杯；酒精吸血垫；邦兹 T 恤衫；项链；鸡蛋（自家母鸡产的）；无名小卒牌牛仔裤；COS 凉鞋；麦琪公交卡；酒杯；泰式炒河粉、盘子和筷子；来自朋友的婚礼感谢卡；厕纸；朋友的新生儿感谢卡

露丝

33 岁｜急诊室医生｜墨尔本

"我的听诊器最能代表我是谁。"

露丝在奥斯丁医院的急诊部工作。她每天骑自行车上班，她无法想象自己有一天会驾车出行。"我希望一直维持这样。"事实上，她就是骑着自行车，载着她前一天触碰过的所有物件来到墨尔本的摄影工作室的。

露丝递给我她早上触碰过的物件——"我的雪地靴、睡袍、收音机扬声器、水壶和咖啡。"——随后，我们谈论起她的一天。聊完后，她又收回这些物件，用异样的眼光看着它们。"我从未意识到这些物件组成了我称之为'家'的地方。"

露丝正目睹她所在的行业中发生的一个巨变。随着新设备的问世，她担心医生们的主要技能正逐渐丧失意义。"技术的进步为我们带来崭新、精致的设备，依靠它们，我们在诊断问题时能得到更精确的结论。设备得出的数据比我们自己的判断更精确，于是我们更倾向于依赖它们，而这是以失去——而非运用我们自身的临床诊断技能为代价的。"

露丝也目睹了自己 15 年前在加拿大度过的一个空缺年与她目前个人生活所发生的改变。"我记得我在为那次旅行整理行李时，只能为我的随身听配上 10 张 CD，只能带上两本书，那时我是多么地无奈。"一想到如果她再次旅行，只要通过网络音乐电台和亚马逊电子书，就能听到多少音乐，看到多少书，她就惊讶不已。

引人注目的物件

鸡蛋：露丝自家的母鸡生的。

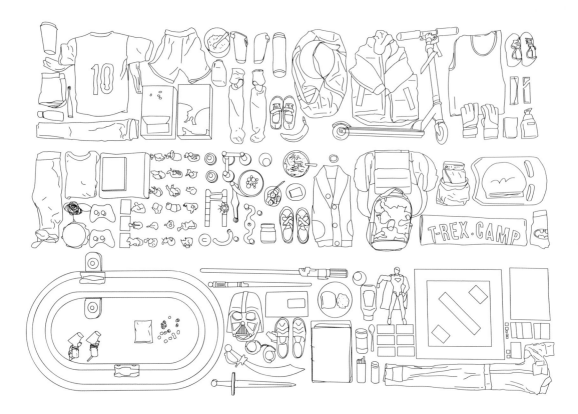

桑托·祖科蒂－韦伯斯特于 2014 年 11 月 29 日（周六）所触碰过的物件

第一排： 星巴克可再用杯子；H&M 愤怒的小鸟内裤；舒适达牙膏；愤怒的小鸟电动牙刷；H&M 运动紧身裤；放在 H&M 有机棉圆高领衣服上的阿根廷足球上衣；阿根廷足球短裤；雀巢切里奥斯燕麦片；家乐氏可可力燕麦片；装有燕麦片的宜家碗和勺子；塞恩斯伯里有机牛奶；耐克胫部和脚踝护垫；足球袜；贴有名字的佳得乐水瓶；耐克廷波星草漆靴子；香蕉；放在美国服饰运动包上的米特雷足球；基得 B 开襟毛衣和盖普充气马甲；小型滑板车；足球上衣；索恩迪科守门员手套；耐克饰钉足球靴；牛奶棒巧克力和包装纸；厕纸；妮维雅香皂

第二排： 飒拉裤子；COS T 恤衫；《小龙斯派罗：交换力量》力量之门；微软家用游戏机和《小龙斯派罗：交换力量》游戏；游戏机操控板（×2）；小龙斯派罗卡片（×3）；《小龙斯派罗：交换力量》塑胶人（×21）；玛布托皮亚弹子跑道（×25）和弹子（×16）；宜家杯子；装有块状的香蕉和勺子的宜家碗；个性化能多益罐头；装有意大利面肉酱和勺子的赫马牌碗；装有黄瓜的宜家碗；苏佩加运动鞋；洛姆彩条手环；基得 B 开襟毛衣；迈可适儿童安全座椅；《闹鬼的屋子》；苹果小型平板电脑和保护套；复仇者联盟背包；游泳裤和游泳镜；H&M 家居毛巾；速比达踢脚板和蓝波泳帽；H&M 蝙蝠侠内裤

第三排： 车模大赛跑道、汽车（×2）和控制板（×2）；呼啦圈；《星球大战》光剑（×2）；《星球大战》达斯·维达面具；范斯《星球大战》鞋子和盒子；手铐；迪士尼《杰克与梦幻岛海盗》宝剑；剑；装有小圆面包和自制汉堡的奥姆牌盘子；家庭作业文件夹；宜家杯子；亨氏番茄酱；钦博特牛奶太妃糖；勺子；谷歌钢笔；乐购派对泡沫；超人可动人偶；假钞票、棋盘、骰子（×2）、房子（×3）、旅馆（×2）和卡片；《阿斯泰里克斯和大风水岭》；普里马克睡衣

桑托

5 岁 | 伦敦

"我在
无形的世界里
拥有不一样
的东西。"

桑托喜爱足球，可是他担心将来某一天自己可能会为观看世界杯时是和他身为阿根廷人的母亲一起呐喊助威，还是与他英国籍的父亲一起为英国队加油而左右为难。到目前为止，他只痴迷梅西，因而妈妈是安全的。

桑托爱将各种燕麦片混合在一起喝，如果他不当一回调酒师，他的早晨就不完整了。即使在上学的日子，他也一定要腾出时间用这种方式娱乐一下，他喜欢这种自由的感觉。深秋已至，他仍然不愿穿长袖的衣服，因为臃肿的衣服似乎妨碍他活动。他喜爱滑板车，因为骑上滑板车就像奔跑一样。他常常抱怨，走路"总是那么漫长"。

桑托今年5岁，已经上学了，因此他玩耍的时候是有原则的。他是控制者，决定了什么时候该打破原则。踢完足球，桑托带着朋友里斯回到家中。他俩冲进屋玩起了小龙斯派罗，这是一个电子游戏和人偶的组合游戏。在游戏中，桑托只能凭他手中拥有的人物发挥力量。

之后，他会戴上达斯·维达面具，挥舞着光剑，独自一人叨咕："所有的星球都在移动。它们冲撞在一起，从这些星球上散落的碎片组成了地球。地球出现后，一位神灵从宇宙缓慢降临，落在地球上，他成了第一个活着的人。其他的星球收缩，为我们腾出更多的空间。我的故事讲完了。"

"你刚才在叨咕什么呢，桑托？"我问。

"没什么，妈妈。我不知道。我可没有活得那么久。"他这样回答。

引人注目的物件

苏佩加运动鞋：它们展示了桑托式的尼龙搭扣带绑法。

斯科特·史蒂文森于 2014 年 7 月 4 日（周五）所触碰过的物件

第一排： iPhone5 手机；维他麦燕麦片；勺子（×2）；碗（×2）；超值半脂牛奶；M＆S 巧克力屑奶油卷包；马克杯；雀巢咖啡胶囊；勺子；金色维吉尼亚手卷烟；里泽亚纸和硬纸板盒；天鹅牌过滤嘴和硬纸板盒；M＆S 内裤；多芬香皂条和盒子；厕纸；毛巾；优衣库马球衫；优衣库短裤和 M＆S 内裤；耐克运动鞋；女儿的校服连衣裙、袜子、束发带和刷子

第二排： 儿子的校服 T 恤衫、短裤和袜子；麦考林牙膏；布朗·欧乐–B 电动牙刷；梳子；VO5 造型胶；山猫牌滚抹式除臭剂；爱马仕大地男士香水；妮维雅儿童用 SPF50 防晒霜；三星电视遥控器；菲尔森斜跨包；外卖咖啡杯；2.50 英镑；卷烟纸和烟草；牡蛎公交卡；拥有骨头设计图案（×2）；发票和收据；汇丰银行维萨信用卡；益达口香糖；卷烟纸和烟草；办公室钥匙和挂坠；钥匙卡；斯皮克塞维斯眼镜和眼镜盒

第三排： 锯架；锯条；锤子；猪胫骨木槌；戒指；划线器；戒指芯轴；锉刀（×2）；里奥格兰德悬挂式电机；卡盘；摩尔磨光机；砂纸轴和抛光刷（×4）；戒指；从市场买来的越南炒菜；5 英镑现金；叉子；温牌矿泉水；卷烟纸和烟草；抛光棒（×4）；锉刀；双目放大镜和快递收据；调定工具（×2）；臼齿项链（×2）；除灰勺；钳子；轴和抛光刷；德雷珀游标双脚规；平头剪；钳子；戒指；镊子；圆形放大镜和盒子；（喝啤酒用的）品脱杯；卷烟纸和烟草；《标准晚报》

第四排： 专业运动儿童书包（×2）；塞恩斯伯里生菜；乐购东亚即食餐；叉子；卷烟纸和烟草；喜力啤酒；利伯蒂寄来的信封；黏土雕刻刀（×11）；陶泥和包装；喜力啤酒；卷烟纸和烟草；马廷雕刻蜡；马克斯·瓦克斯切割笔；戈达德银器打磨布和放有骷髅戒指的包装；杯子；雀巢咖啡胶囊；手机充电器

斯科特

38 岁｜珠宝匠｜伦敦

"我喜爱
制作珠宝那种
触觉型的本质。"

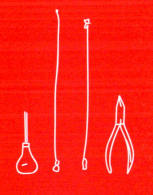

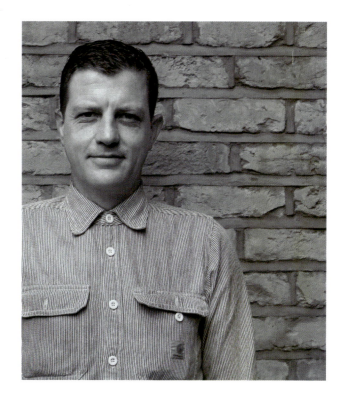

时髦的手工摇滚范儿珠宝，例如骷髅和牙齿，是斯科特的风格。他曾是伦敦考文特花园发疯猪设计的经理。现在，他独立经营自主珠宝品牌——"拥有骨头"，他在哈顿·克罗斯有一家合伙工作室。

斯科特通过名人们对珠宝的品味了解他们。"我曾为约翰·克里斯制作过一条项链，项链的原材料是他自己的牙齿。"他还为约翰尼·德普制作了他在影片《理发师陶德》和《黑暗阴影》中所戴的戒指，"而最博得我两个孩子赞美的，是我为《哈利·波特》系列电影制作的所有珠宝。"

早上，斯科特首先为孩子们上学做好准备。他的妻子坎蒂斯开了一家咖啡店，她一大早就离家去工作了。将孩子们送到学校后，斯科特喝上一杯咖啡，卷起一支烟，随后跳上地铁悠闲地审阅他最近的设计。
"我在德班上高中的最后几年，开始每个周末去珠宝工作室工作。当时我 16 岁，那时我就知道，这是适合我的行当。于是，中学毕业后，我立马就去念了一个珠宝制作学位。"

时间没有改变这个行业所需要的工具。这项技艺依然依靠手工，斯科特用工具剪切、捶打、刻划、塑形、收工、打磨和雕刻。
"我爱看到纸上的设计，将它制作出来，并最终握着一件美丽的珠宝。"

引人注目的物件
臼齿挂坠：斯科特的代表作。

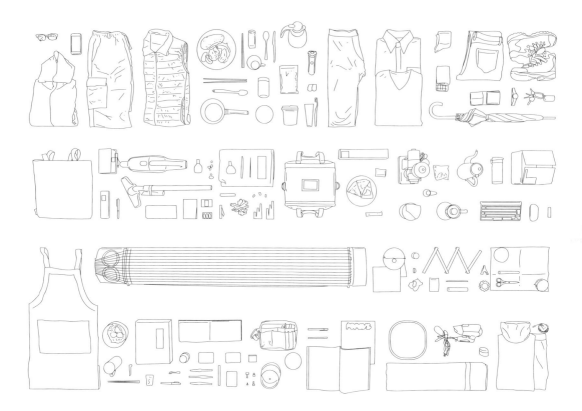

北川矢于 2015 年 2 月 20 日（周五）所触碰过的物件

第一排： 眼镜；带帽运动衫；iPhone5 手机；优衣库运动裤；优衣库羽绒背心；装有面包片、培根、鸡蛋和两片苹果的盘子；筷子；锅铲；煎锅；烹饪用筷子；乔氏超市混合调味料；茶杯；勺子；刀；乔氏超市奶油饼干；硅胶碗；绝热茶壶；第三号球丹波黑面粉；雪牌益生菌酸奶；飞利浦电动剃须刀；视康水润日抛隐形眼镜；可伶可俐牙膏；牙刷；优衣库内裤、运动裤、衬衫和针织套衫；袜子；纪梵希手帕；伞；牛仔裤；钱包和卡片；雪地靴；手表；汽车钥匙、房间钥匙和安全钩钥匙圈

第二排： 大手提包；皮革日记本；松下空调遥控器；圆珠笔；牧田无绳吸尘器和管子；小西木材专用胶；十三弦古筝拨片戒指（×6）；信封；发票簿；一袋拨片；拨片（×3）；手试（传统棉质毛巾）和小西快干木材专用胶、刮刀、针和玻璃板；木质工具；金属袋装钳；一束拨片戒指；拨片戒指（×3）；木质工具（×2）；工匠与艺人工具包；铝箔；小包饼干（×2）；盘子和比萨；电动咖啡研磨机；带有过滤器和量勺的哈里欧咖啡冲滤壶；咖啡豆；哈里欧咖啡壶；金属壶；金属热水瓶（用来喝咖啡）；苹果键盘和鼠标；送货箱；印鉴签名盖章

第三排： 帆布围裙；十三弦古筝；十三弦古筝琴弦和包装；松香和包装；放在高级布料上的松香；木尺；多摩琴弦尾端件；铅笔；调音棒；琴桥；调音器；手试和毡毛马克笔、剪刀和调音器盒

第四排： 装有面条和肉丸子的碗；马克杯；筷子；麻薯零食盒、麻薯和分食棒；断裂的牙刷；自来水笔；素描本，上面画有矢的妻子在早餐吧台的水彩画；墨水；水彩画调色盆、颜料和盖子；水彩画笔（×3）；中性笔；水手纪和黑牌墨水；铁夹子（×4）；戴尔弗尼克斯实用包；可录光盘和包装；细头钢笔（×2）；《波派》杂志（×2）；碗；毛巾；松下吹风机；埃及魔法面霜；优衣库高翻领毛衣和睡裤；手机充电器

矢

41 岁 | 十三弦古筝修理工 | 东京

"那些最能
定义我们的，
很有可能
不是我们
为人所知的物件。"

正值东京的冬季，因为这个城市没有集中供暖，矢首先穿上了保暖内衣，他自上而下的衣服都是优衣库的。他为家人准备好一份营养早餐后，再次穿衣前去工作。矢爱干净的程度令人感到不可思议。工作前，他首先得确信每样物件的表面都是干净的，随后才打开他用手试（多用途长方形棉布）包裹的工具。

矢最为人知的是他身为十三弦古筝修理工和调音师的身份。十三弦古筝是日本的国粹乐器。由紫花泡桐树的木材制成，这种十三根弦的乐器有将近 1.8 米长，通常由艺伎弹奏。左手按弦，右手拨弦。每根琴弦下都放有可移动的琴桥，以产生不同的音高。

人们需要任何有关十三弦古筝维护的知识时，都会求助于矢。但他日常触碰的物件也会令他兴奋，这是他的顾客们所不知的。"我热衷于咖啡——没人知道我有多享受制作咖啡的过程。"他边说边递给我一个专业的咖啡研磨器。

当我们谈起他的夜晚是怎么度过时，他原原本本地告诉了我那天在家发生的事。

"晚饭过后，我坐下打开我的墨水和水彩画具，我的妻子坐在我对面看一本杂志。瞧！"他边说边递给我他画在一本仿鼹鼠皮速写本上的画。

引人注目的物件
戴尔弗尼克斯实用包：包里装满了东急手创馆的文具，包括水彩画笔。

索菲亚·阿拉比于 2015 年 4 月 23 日（周五）所触碰过的物件

第一排：祖母做的长睡衣；蜂蜜；九重葛；香蕉；柠檬；清晨护肤乳液（由索菲亚准备）；墨兰角；薄荷；茶壶；玻璃杯；面包；欧乐–B 牙膏；贝斯特医生牙刷；H & M 文胸；李维斯 501 牛仔裤；寂静＋喧嚣上衣；巴克奇克针织套衫；阿迪达斯史丹·史密斯运动鞋；铃鼓首饰盒；北非项链和手镯（×3）；iPhone6 手机；咖啡锅；苹果笔记本电脑；咖啡粉和丁香；瓦片；巴克奇克宽大长袖女袍；草帽；珍珠；太阳眼镜；凉鞋；佳能 EOS 650D 相机；柏柏尔羊毛和闪光圆片；镶有闪光圆片的文胸；叉子和刀；西迪·阿里矿泉水；摩洛哥陶锅

第二排：多名作者合著的《伊斯兰教的艺术》；铅笔盒；比克圆珠笔；芭芭拉和雷内·斯图尔泰伊所著的《摩洛哥生活》；印章；哈利德·加里卜所著的《摩洛哥的手》；不干胶标签，图案由索菲亚所画；兰蒂斯印台；笔记本；橙子（×2）；叶子；倩碧声波洁颜刷和盖子；艾罗威杏仁油；香皂；普兰蒂尔乳液除臭剂；娇韵诗香水；丝芙兰化妆刷；魅可唇膏（×2）；发刷；娇兰眼线笔；芭比·布朗胭脂；毛巾；巴克奇克衬衫（由索菲亚设计）；& 其他故事鞋子；巴克奇克长衫上衣；巴克奇克手拿包；名片夹；钥匙和哈姆萨钥匙圈；巴克奇克帆布包（由索菲亚设计）；西迪·阿里矿泉水；装有莴笋、番茄和辣椒沙拉的盘子；叉子和刀；巴克奇克蕾丝和服；床尾毯；土耳其式拖鞋；安德烈·马尔罗所著的《故事集》

索菲亚

32 岁｜服装设计师｜卡萨布兰卡

"过往带给我灵感。
将过往复活，
将它带回
这一天、
这个年代，
是件富有挑战
的事。"

约瑟夫·乌什恩，一位摩洛哥的街头风摄影师和时尚博主，他在最后一刻将索菲亚介绍给我。我在马拉喀什拍摄照片，而索菲亚住在卡萨布兰卡。我俩都愿意达成合作，但时间和地点却不利于我们。前一天，索菲亚联系我，说她将一箱子她的物件从"卡萨"托运到"喀什"，并嘱咐我十一点去马拉喀什的巴夏俱乐部领取。

我激动地打开箱子，看着索菲亚的一天展现开来。索菲亚将她触碰过的所有物件都打了包，其中既包括像薄荷和面包这样的新鲜食品，也包括照相机和珠宝这样的贵重物品。她还贴了标有时间的小贴纸，塞了几张帮助我理顺物件先后顺序的便条。

索菲亚是人们心目中的摩洛哥潮女孩。她是个时尚、生活和室内设计博主，也是她的自主品牌"巴克奇克"的设计师。她的签名是"柏柏尔风尚"——在北非柏柏尔文化的基础上融入波西米亚风格。

"早上起床，我会喝热水，泡上柠檬和蜂蜜，涂上我的清晨护肤乳液——我用花朵、香蕉和摩洛哥坚果油混制的乳液。"

在这一天的其他活动中，索菲亚都穿上了完美的装束：在家工作时她穿了休闲上衣、牛仔裤和运动鞋；在户外工作或是为网页拍摄产品照片时，她戴上帽子，穿上轻便的长袍和凉鞋；而夜晚同朋友们外出时，她就一身潮女孩装扮；睡觉前，她会换上蕾丝和服。

引人注目的物件
哈姆萨钥匙圈：一个北非的象征符号，人们赋予它驱邪除恶的功效。

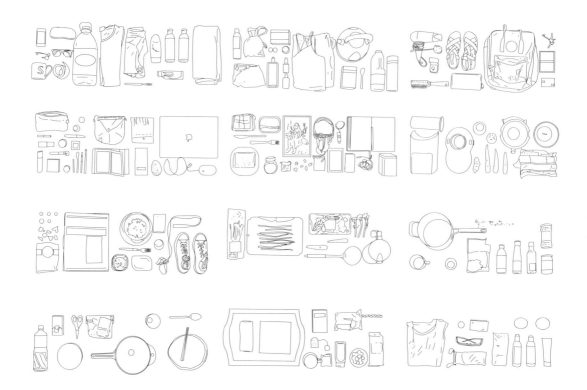

索尼娅·王于 2014 年 7 月 18 日（周五）所触碰的物件

第一排： iPhone4 手机；后门钥匙；拼字马克杯；雷朋眼镜盒和眼镜；厕纸；乐购纯净水；英国电影理事会 T 恤衫；阿迪达斯短裤；欧乐–B 牙刷；清妍沐浴露；自然信仰洗发水和护发素；水晶莹牙膏；毛巾；艾凡达水合配方；西蒙·佩尔文胸和女士内裤；布茨棉签；隐形眼镜盒；芭比·布朗眼霜；塞纳吉隐形眼镜护理液；悦木之源精华液和奎宁水；霍布斯 NW3 连衣裙；水壶；唐宁印度红茶盒；勺子；桑普勒 M & S 牛奶；香印牌保温杯；布茨吹风机；订婚戒指和盒子；发刷；史蒂夫·马登凉鞋；约翰·刘易斯钱包；雪地狐背包；房间钥匙；牡蛎卡和汇丰银行卡

第二排： 无印良品化妆包；芭比·布朗润色棒和眉粉；芮谜打底霜；芭比·布朗打底霜；蜜粉刷；光滑润唇膏；兰蔻睫毛膏；胭脂；苦油树润唇膏；芭比·布朗眼影和遮瑕膏；眼线笔；修眉刀；布朗眼线笔；盎格鲁阴影刷；佛教诵经书和盒子；乐购购物袋和收据；鳄梨；苹果笔记本电脑和鼠标；施耐德黑面包包装；银宝可涂型黄油；宜家刀和叉子；放在盘子中的黑面包；马麦酱；《坐在老虎上的杜尔迦》版画；水晶和包；声海耳机；USB 记忆条；来自台湾的明信片；日记本和钢笔；厕纸；苹果手机充电器电缆；哈尼 & 桑尔斯茶筒；飞利浦水果榨汁机；生姜；胡萝卜（×3）；苹果；乐购菠菜包

第三排： 1.15 英镑现金；鹰嘴豆薯条；《标准晚报》；狗食碗和狗食；叉子；装有狗食的特百惠塑料容器；雀巢普瑞纳面包师食品盒；厕纸；供狗玩耍的网球；狗绳；匡威全明星运动鞋；维特罗斯鲜芦笋；菜刀和砧板；单个的芦笋（×9）；维特罗斯嫩茎西蓝花尖；胡萝卜（×2）；勺子型撇油器；量壶；搪瓷马克杯；蒸煮罐；摩洛哥椒盐碟；日本干海藻；龟甲万米醋；志成芝麻油；春之乐黑豆酱油膏；辣椒汁；桑妮塔有机芝麻酱

第四排： 龟甲万酱油；清泉有机豆腐；剪刀；碗；伽马芝麻籽；滤勺；玻璃杯；勺子；分菜碗和筷子；托盘；抹布和纸巾；泰舒印度红茶盒和茶袋；马克杯；乐购樱桃；妙趣食品公司龙舌兰花蜜；装有樱桃的碗；超能少年卷卷狗饼干；飒拉长睡衣；虎牌万金油；厕纸；奥图玛 3D 眼镜和套筒；布茨棉绒垫；契尔氏洗面奶和护肤霜；佰草集美白洁颜霜

索尼娅

32 岁 ｜ 设计研究员 ｜ 伦敦

"我的诵经书
使我想起
家和我妈。
我离开台湾的
那天，
她把这本书
放进了我的包里。"

索尼娅每天做的第一件事，就是打开花园的门放出她的狗查理。随后，她收拾行装准备上班。她要搭乘伦敦的地铁，从哈罗到南菲尔德。途中，她化妆并诵读经书。

索尼娅是个体贴和一丝不苟的人，从她的物件就可以反映出来。她友善而小心，这是她性格中最大的特点。当她看到自己所触碰的物件摆放开来时，开始担心这些消耗的所有物品得耗费多少包装材料。

"哦，不，我的生活来自超市，我希望以后多用些天然产品。"

十年前，索尼娅来到伦敦攻读设计研究的博士学位。作为一个研究人类与物件关系的人，她发表的见解很有代表性。她说："想一下你会花多少精力和专注力到自己的工作中去，当你观察自己一天中触碰的所有物件时，会发现工作所占的比例甚至不到百分之十。工作就是一台电脑，但它占据了你如此之多的时间。"

引人注目的物件
黑色 3D 眼镜：这副眼镜在一堆白色的睡前用品中显得格外突出。

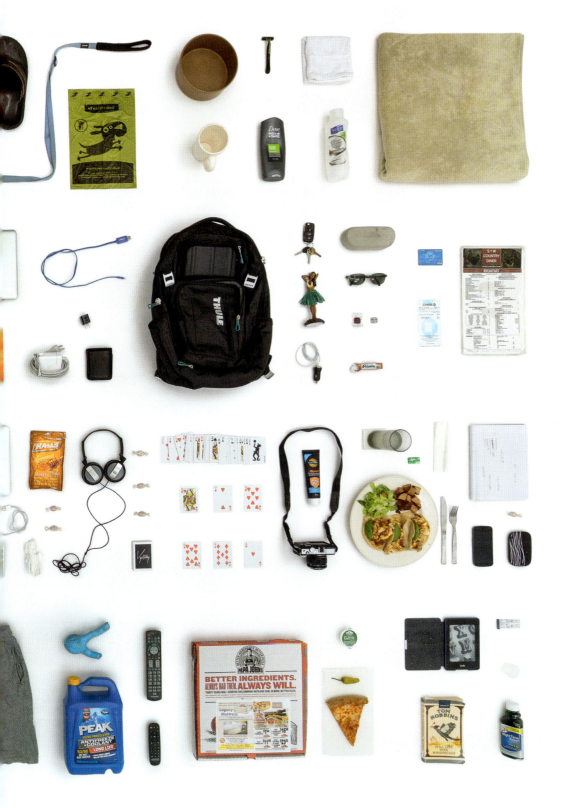

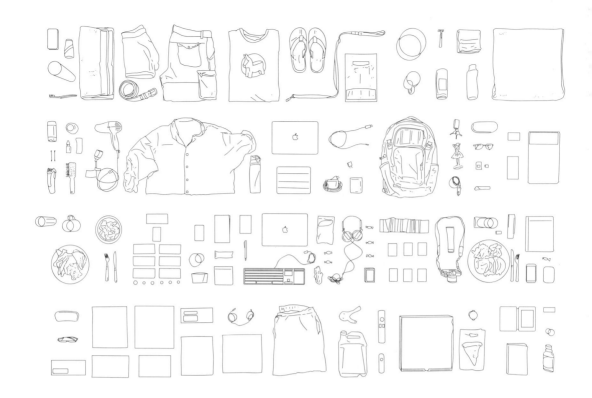

史蒂夫·彼得斯于 2015 年 3 月 31 日（周二）所触碰过的物件

第一排： iPhone6 手机；高露洁牙膏；塑料杯；牙刷；毛巾；鲜果布衣内裤；腰带；短裤；小帅哥 T 恤衫；皮质凉鞋；狗绳；环保拾便袋；碗；马克杯；剃须刀；多芬男士护理沐浴露和洗面奶；法兰绒毛巾；丝华芙椰子洗发水；毛巾

第二排： 干爽梦止汗剂；棉签（×2）；勃朗·科鲁泽 6 电动剃须刀；挑衅亮泽发蜡；艾福林鼻喷雾剂；感冒药；发刷；吹风机；汤米·巴哈马外套；水瓶；苹果笔记本电脑；套有磁性保护壳的苹果笔记本电脑；USB 充电电缆；充电插头；笔记本电脑充电器；钱包；拓乐背包；汽车钥匙；夏威夷草裙舞女孩（史蒂夫的项目"不在场证明"的入口点）；USB 汽车充电器；毕伯劳斯眼镜和眼镜盒；利口乐润喉糖（×2）和包装；大通银行维萨借记卡；大通银行取款收据；S+W 乡村餐馆菜单

第三排： 装有橙汁的玻璃杯；装有浓咖啡的马克杯；装有炒鸡蛋、培根和吐司面包的盘子；装有各种瓜果的碗；叉子和刀；26.48 英镑；早餐收据；身份徽章；塑料杯和套筒；纸包；思维瘦身高蛋白条；苹果触控板；便利贴；圆珠笔；苹果笔记本电脑；苹果键盘；荷氏蜂蜜柠檬糖（×6）和包装；纸巾；索尼耳机；维克多里扑克牌和包装；SPF50+ 防晒霜；奥林巴斯数码相机；一杯放在厨房用纸上的柠檬汁；三叉戟留兰香型口香糖；装有墨西哥卷饼、土豆和莴笋沙拉的盘子；纸巾；刀和叉子；记事本；三星手机；光晕便携式智能手机充电器

第四排： 瓦尔比·派克眼镜和眼镜盒；信（×3）；垃圾邮件（×6）；USB 充电电缆；短裤；供狗玩耍的玩具；皮克抗凝剂和冷却剂；松下电视遥控器；马特里科摩遥控器；棒约翰蒜香沾汁和盒子；放有辣椒和比萨的厨房用纸；装在保护套里的电子书阅读器；汤姆·罗宾斯所著的《啄木鸟的静物写生》；减充血鼻贴；塑料量杯；711 夜间舒缓剂

史蒂夫

54 岁 | 交替现实游戏设计师
| 洛杉矶

"数码正在丧失
它的光泽。
我希望我能
实实在在地
握着什么，
说这是我制造的，
然而我的工作
是在幕后。"

这位是史蒂夫·彼得斯。他的照片隐藏着一个线索——你能发现吗？

史蒂夫策划最为复杂的娱乐类型——交替现实游戏（ARG）。他不仅是游戏的开发者，也是参与者。他总是置身于现场，准备好根据玩家的行动重置游戏路线。作为一个相互联系的群体，玩家们置身于真实生活中的寻宝。这一寻宝的过程主要包括在一个网站上解码，接听游戏人物的电话或是在报纸广告中寻找线索。

技术造就了这位艾美奖获得者设计师。这个融入了技术的世界就像一块帆布，为我想要编个怎样的故事，我如何讲述这个故事等诸如此类的问题提供了无限的平台。

史蒂夫目前就职于终局的 ARG 小组，他的工作地点是位于加利福尼亚威尼斯的谷歌望远镜大楼。午间，他抓起相机，涂上防晒霜，沿着沙滩散步。
"我的一天看起来无聊吗？我想是的，对此我表示忧虑……但我所做的事一点儿都不让人感到无聊。"他面色严肃地说。

史蒂夫从事的工作在 15 年前并不存在，这可以解释为何他对这份工作的热情没有在他触碰的物件中得到体现。因为没有哪样物件能告诉我们当天他在数码世界里植根的最新线索：他拍摄且上传到视频分享上一部影片，里面包含了秘密信息；他写的博文；他在发布文章前拍摄的照片……我们所看到的一切只是他使用的技术工具。

引人注目的物件
所有的止咳和感冒药：这些药帮助史蒂夫撑过这一天。
垃圾邮件：那晚史蒂夫订了个棒约翰的比萨。

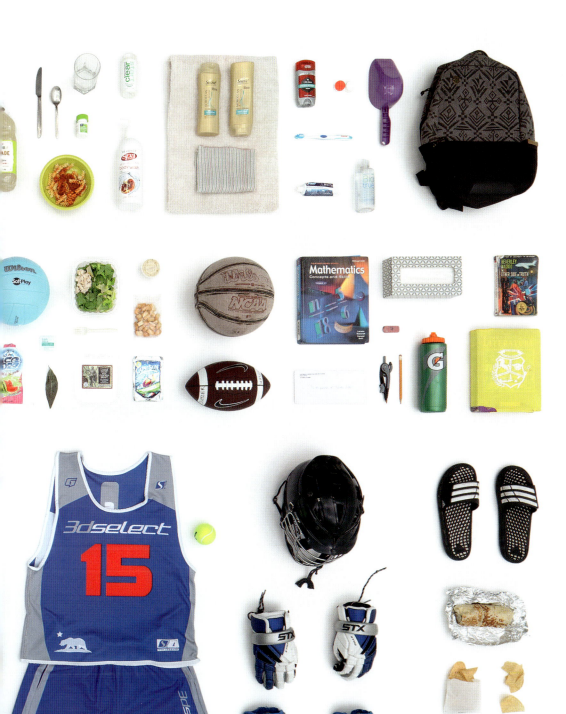

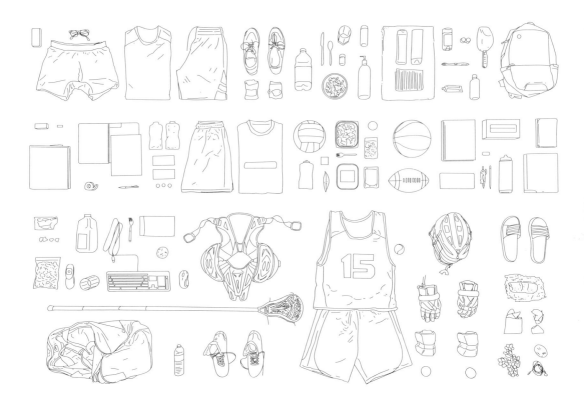

正·巴特勒于 2015 年 3 月 25 日（周三）所触碰过的物件

第一排： iPhone5C 手机；眼镜；拳击手乔男士平角短内裤；耐克速干 T 恤衫；运动裤；耐克运动鞋；袜子；乔氏超市低卡路里柠檬汁；刀和叉子；玻璃杯；鲜特敏抗过敏药；装有番茄肉酱螺旋面的塑料碗；德美乐嘉泡沫洗面霜；西尔基恩斯水疗沐浴露；放在毛巾上的丝华芙洗发水、护发素和搓澡巾；老香料纯运动除臭剂；隐形眼镜盒；高露洁牙刷；佳洁士 3D 专效美白牙膏；博士伦隐形眼镜护理液；猫食铲子；背包

第二排： 三叉戟口香糖和包装；学校文件夹；学校行事历和笔记；胶带座；圆珠笔；冰狗西瓜和草莓猕猴桃汁冰沙；6.75 美元现金；学校体育课短裤和 T 恤衫；威尔逊排球；冰狗西瓜汁冰沙；湿巾；桉树叶子；乔氏超市鸡肉凯撒沙拉、调味汁、一袋油炸面包丁、包装和盖子；塑料叉子；卡普里阳光草莓猕猴桃汁；威尔逊篮球；耐克美式足球；《数学理论与技巧》；学校寄给正的父母的信件；舒洁纸巾；橡皮；指南针；铅笔；佳得乐饮料瓶；贝弗莉·奈杜所著的《真相的另一面》；普林斯·霍尔文学教科书

第三排： 玛氏巧克力豆；起司泡芙和包装；瑞士降脂牛奶；迪累克电视遥控器；玻璃杯；戴尔键盘；叉子；乔氏超市起司通心粉即食餐；苹果；罗技鼠标；STX 长曲棍球护肩；STX 长曲棍球棒；耐克包；水晶高山泉水；安德玛长曲棍球钉鞋；3D 精选长曲棍球背心和短裤；棒球；卡斯喀得 R 定制长曲棍球头盔；STX 长曲棍球手套；男士牌长曲棍球护臂；长曲棍球（×2）；阿迪达斯人字拖；用锡纸包裹的牛肉卷饼；墨西哥玉米片和包；葡萄；苹果；苹果耳机

正

13 岁 | 洛杉矶

"我最心爱的物件
是我的
长曲棍球棒
和手机。"

正住在汉考克公园，与他同住的有他的两个母亲和双胞胎弟弟健二。他在菲尔克莱斯特高地区的拉切斯公立学校上学。他每天都会打曲棍球或是橄榄球。他喜爱打球带给他的竞争和参与到团队协作中获得的快乐。

在长曲棍球领域，正是美国排名前 50 的未成年后卫。其他选手称他为"犀牛"。

"再过几年，我要能成为职业长曲棍球运动员那就棒极了。但这会很难，因为有这么多孩子在追逐同一个梦想，"他解释说。"我不想十年后照片里的我穿着一套西装。坐在电脑前办公不是我想要的生活。"十年后我们的服饰会像现在这样与工作相匹配吗？让我们拭目以待。

正页面上的大多数物件都贴有他的名字，这在他这个年龄段的孩子中很常见。仔细翻阅他的学校文件夹就能发现他目前在学习"社交媒体的好处和坏处"。正不排斥上学，但觉得运动时的自己是最自在的。这点在家庭生活中也有体现。他在家中爱打壁球。然而，"学习是第一位的，"妈妈说，"因此你得做完功课再运动。"

引人注目的物件
午间，正从一棵树上落下的一片叶子。
长曲棍球杆。

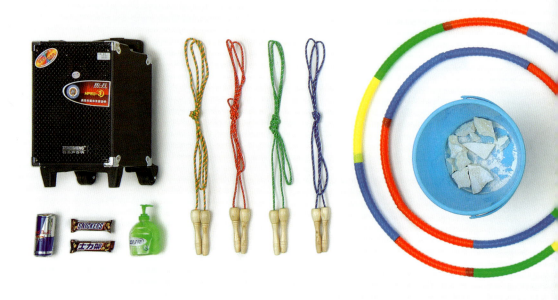

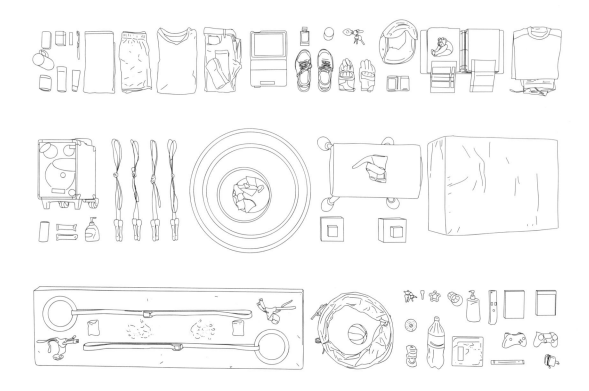

泰德·王于 2015 年 3 月 6 日（周五）所触碰过的物件

第一排： 套有保护壳的 iPhone4 手机；刷牙杯；红牛饮料；万宝路牌香烟；打火机；阿葵亚洗发水；牙刷；高露洁牙膏；毛巾；男士平角短裤；美国之鹰 T 恤衫；迪赛牛仔裤和香蕉王国腰带；优胜者牌袜子；配有键盘防尘罩的苹果平板电脑；拉尔夫·劳伦浪漫香水；精制发泥；耐克运动鞋；钥匙圈和摩托车钥匙；阿尔卑斯山之星手套；摩托车头盔；钱包；装有健身课程纸、表格和上海健身的传单；安德玛 T 恤衫；裤子

第二排： 特美声 PA 扬声器；红牛饮料；士力架巧克力棒（×2）；洗手液；黄色、红色、绿色和蓝色的跳绳；大号和中号的呼啦圈；装有体操用滑石粉的桶；放有绷带的体操跳跃器；泡沫砖（×4）；倾斜缓冲垫

第三排： 放有吊环抓手（×2）、腕套（×2）和藤环（×2）的软着陆垫；折叠的弹出式原型通道；橡胶篮球；钥匙圈和钥匙；钥匙；星星形状的狗玩具；甜甜圈形状的狗玩具；拉夫海兹狗玩具；可口可乐瓶；玻璃杯；六神洗手液；超市买来的鸡肉和米饭晚餐盒；电视遥控器；《蓓优妮塔和使命召唤》电子游戏；任天堂和索尼游戏机远程控制面板（×2）；筷子；手机充电器

29 岁 │ **体操运动员、健身房老板和教练** │ **上海**

"体操训练把我从日常生活中解脱出来。"

泰德出生在上海，在底特律长大，他是带着一个使命回到中国的：通过训练孩子们为娱乐而锻炼，再次引进消遣体操的概念。他在2013年开办了自己的健身中心。

泰德对培养奥运冠军不感兴趣。他目睹过他的朋友因将毕生精力投入到赢取金牌，荒废了学业和社交，最终丧失自我的例子。"追逐那个梦想意味着你要挣扎。如果你到25岁时仍拿不到金牌，你的日子就会不好过。"

泰德解释说："是体操让我留在了上海。在上海，人们热衷聚会，但事实上我对酒精过敏，于是我就不怎么外出饮酒。无法融入这样的文化使我丧失了一些在当地交朋友的机会，但通过体操训练我交上了朋友。"

泰德每天凌晨三点睡觉，因为在白天他很难有时间娱乐。他通过玩电子游戏放松自己——"我玩电子游戏已有27年。游戏平台一直在改变，但我的兴趣不会变，在我人生剩余的时光里我会继续玩电子游戏。"他还会把这一天里视频分享网站上的所有视频都看一遍——"因为明天会有50个新视频，我不想掉队。"

早晨，他靠抽烟和喝红牛饮料提神。"体操训练把我从日常生活中解脱出来。我得为这些孩子调动起我的活力。"

引人注目的物件
在吊环旁边的白色绷带：这些是用来更紧固地握住吊环，使体操运动员的手指更修长。泰德的滑石粉手印，显现在绿色的垫子上。

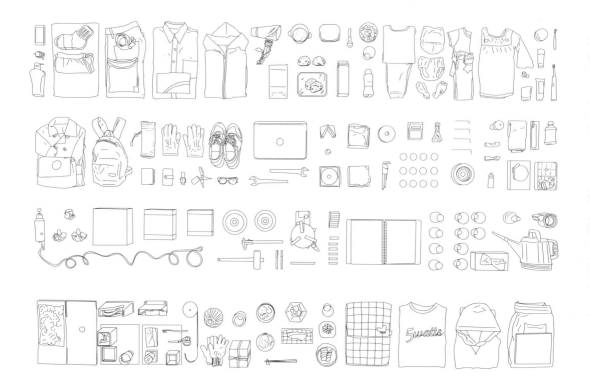

堀口户于 2015 年 2 月 20 日（周五）所触碰过的物件

第一排： iPhone6 手机；手机充电器；资生堂丝蓓绮洗发水；放有袜子和内裤的毛巾；牛仔裤、腰带和 T 恤衫；牛仔布衬衫和手试（传统棉毛巾）；运动衫；泰士康吹风机；面包袋；装有汤的碗；水果面包片（×2）；装有一包水果面包的托盘；雪印蔬菜酱；刀；明治牛奶；装有蔬菜沙拉的碗；玻璃杯；丘比沙拉酱；女儿的睡衣裤；纸尿裤；女儿的内裤、袜子和 T 恤衫；女儿的牛仔裤；女儿的连衣裙（穿旧的牛仔裤）；女儿的束发带；女儿的玻璃杯（用来刷牙）；杰士派发蜡；女儿的牙膏；海盐牙膏；女儿的牙刷；飞利浦声波电动牙刷

第二排： 女儿的外套、育婴外出包和背包；凯瑞摩围脖；钱包；皮手套；名片夹；沙夫豪森腕表；汽车钥匙和吊坠；新百伦运动鞋；太阳眼镜；戴尔笔记本电脑；扳手（×2）；支架；金刚石砂轮磨床接头（6mm）；装在箱座上的金刚石砂轮和盖子；箱座和盖子；金刚石砂轮；内六角扳手组；量子电子秤；棕榈叶板刷；江户切子玻璃杯（由户制作）（×12）；内六角扳手（×4）；卷纸筒（磨床用）；金刚石砂轮磨床接头（46mm）；切割的自行车内圈管（×2）；金刚石砂轮磨床接头（25.4mm）；毛巾；便当盒盖；筷子、纸质套筒和塑料薄膜；绿茶；便当盒

第三排： 卢特工具（用来修理金刚石砂轮磨床）；阔度量度器（×3）；诺太克金刚石砂轮（×2）和盒子（×3）；金属游标两脚规；木槌；黑色和金色耐久性记号笔；标引机器；金属尺；塑料测量梯（由户设计和制作）（×7）；装有素描的文件夹；未完工的玻璃杯（×4）；江户切子玻璃杯（×6）；舒洁纸巾；涂料稀释剂；胶纸座；喷壶

第四排： 纸板盒和泡沫碎片；胶纸座；放在包装纸上的礼盒、毛毡布、盖子和切子玻璃杯；标签剥离机；放在包装纸上的毛毡布、江户切子玻璃杯、礼盒和盖子、牙刷和剪刀；丝带；江户切子玻璃杯（×2）；无尘手套；礼盒；盛有鸡汤的碗；装有米饭的碗；装有甘薯的碗；装有烤三文鱼的盘子；筷子和筷架；江户切子玻璃杯；装有泡菜的江户切子碗；装有蔬菜的碗；毛巾；"5 瓦特" T 恤衫；运动衫和裤子；露丝·伯恩斯坦所著的《小猩猩》

户

38 岁 | 江户切子制作者 | 东京

> "生活的经历
> 使我下决心
> 只保留我喜爱的
> 物件。"

2012 年，户成为官方注册的日本传统手艺大师。

每天清晨，户负责照料他最小的女儿。在去工作室的路上，他顺道将小女儿送到幼儿园，而他的妻子负责送大女儿和二女儿上学。

户一家三代都是江户切子的工匠。江户切子是形似珠宝的手工彩色玻璃，问世于 200 年前的东京（当时被称为江户）。一片清澈的玻璃像花朵般在另外一片玻璃中绽放，它们像纸一样薄，彩色的玻璃汇聚起来营造出多层的结构。户在最外层手工雕刻图案，通过彩色透明玻璃间的光线对比，营造出视觉效果。

户想将江户切子的美丽和精致带到日常生活中。为此，他在设计物件时首先注重实用，其次才是装饰。江户切子容器传统的用处是装茶水、日本清酒和用来插花，但户想让它们的功用超越日本文化。最近，他同主厨植村凉介合作，创作了一系列餐具。经过特殊设计的玻璃，其间的光影效果使得海鲜看起来更美味诱人。

户手工包装每一个出售的玻璃杯，他对细节的讲究在日式包装技艺中也得以体现。而在家里，他的妻子准备好了晚餐等他回家，女儿们也等着他念《小猩猩》给她们听。

引人注目的物件

户制作的工具：自行车胎护腕是用来防止他洗玻璃杯时水溅到胳膊上；有厘米和毫米的测量阶梯模板，他就无需用尺子顶着玻璃杯进行测量了。

万尼亚·伊万诺瓦于 2014 年 2 月 18 日（周五）所触碰的物件

第一排： iPhone4 手机；金属咖啡和糖罐；土耳其咖啡壶；茶勺；马克杯；牛牌过滤嘴；金色维吉尼亚烟草；牛牌卷烟纸多件装和包装；克里斯蒂安香味蜡烛；卷烟；温斯顿打火机；烟灰缸；厕纸；汉兹小镜子；悠特尔牙膏；牙刷；毛巾；欧瑞莲面霜；善存维生素；喜马拉雅·派雷克斯经脉保健药；斯特拉斯莫尔纯净水；长睡衣；文胸；内裤；吉列持久抗汗剂；卡罗琳娜·海莱拉 212 都会男士香水；H&M 连衣裙；保罗·波提切利凉鞋；仿香奈儿包包；钥匙；牡蛎卡；指甲抛光条；化妆包；超强抓力手套；洗涤用海绵；轻易原创洗手液；抹布

第二排： （在第一个客户的家中）戴森 DC14 动物立式真空吸尘器；拖把；抹布；瑕辟厕所清洁剂；维特罗斯抗病毒浴室清洁剂；威卡尔水垢清除剂；滴露抗病毒地板清洁剂；纯净水；塞恩斯伯里抗病毒洗手液；塑料垃圾袋；合作商店番茄和白色塑料薄膜卷；刀和盘子；赫尔曼蛋黄酱；合作商店熟火腿；沃克加盐炸薯片；卷烟纸和烟草；厨房用纸；芬达汽水

第三排： （在第二个顾客家中）羽毛掸子；威猛先生烤箱清洁剂；炉盘清洁剂；活力经典非磨蚀性乳液；星牌洗涤松软棉布；维特罗斯精华窗户和玻璃清洁剂；微纤维掸子；抹布；普莱奇家具喷剂；七喜；百事可乐；冰岛速冻食品收据和包装袋；益达超冰口香糖；卷烟纸和卷烟；保加利亚杂志；毛巾；约翰·弗里达干枯发质洗发水和护发素；欧瑞莲沐浴露；妮维雅柔软保湿霜；束发带；梳子；欧莱雅容量免洗喷雾；棉签（×2）；H&M 紧身裤；巴多背心

第四排： 苹果平板电脑；抹布；宜家砧板；大教堂城切达奶酪；黄瓜；锉刀；蒜头；切割刀；合作商店希腊风味酸奶；塞恩斯伯里牛至；勺子；碗；杜弗海斯白葡萄酒醋；塞恩斯伯里橄榄油；洋葱；蘑菇（×4）；红辣椒；鸡蛋（×3）；特福平底锅；红色的盘子和碗；食盐瓶；叉子；洗碗刷；贝利斯·哈丁洗手液；梦龙杏仁冰激凌；晒后护理系列手部及指甲滋润修护霜；夏普电视遥控器；绿色标志伏特加；可口可乐；玻璃杯（×2）；卷烟纸和卷烟；巨能连锁药业泡沫耳塞盒和耳塞；卷烟纸和卷烟

万尼亚

28 岁｜清洁工｜伦敦

> "上流社会的人
> 会触碰些什么？
> 他们雇其他人
> 碰所有的
> 清洁用品……"

"我们都一样。"万尼亚面带微笑说道，"一天结束后，其他人的页面上也会出现食物和厕纸。"她的笑声富有感染力。

2008 年，万尼亚贷了一笔款移居伦敦，因为她听说堂姐在伦敦做清洁工的收入比她在保加利亚国内靠化学学位谋生赚得还多。"我在一家清洁公司干了三个月后就还清了贷款，还给我丈夫买了一张机票，让他过来和我一起奋斗。"

她一天的开始和结束都展现了在自己家中的那份舒适：咖啡、卷烟、蜡烛、伏特加、可乐、电视遥控器。这些给人以慰藉的物品也突出了这样一个事实：万尼亚大多数时间待在别人家里。她的顾客遍布伦敦，她出行的主要交通工具是公共汽车，她常常边看着这个城市和自己擦肩而过边涂着指甲油。

"目前，我们已经游览过几乎所有的旅游胜地，但我们没有进一步探索，因为我们没有汽车，在英国乘火车又很贵。我们更愿攒钱在夏天去欧洲游历一番。"

万尼亚有个历时两年的工作打算。"我在研究旅游业，可能以后不从事清洁工作了。与此同时，目前的清洁工作可以为我的英语会话和写作增加信心。"

引人注目的物件

耳塞：万尼亚住在哈罗街一个吵闹的酒吧楼上，因而她不戴耳塞无法入睡。

薇薇安·佐藤于 2015 年 2 月 11 日（周三）所触碰过的物件

第一排： iPhone6 手机；牙刷；可伶可俐牙膏；纸口罩；舒适剃须膏；吉列剃须刀；毛巾；克利尔护发素和洗发水；指甲刀；维生素药丸；芳香假日沐浴皂；毛巾；妮维雅润肤乳；无印良品保湿乳和保湿精华液；优衣库 T 恤衫；拖鞋；渗漏咖啡小袋和咖啡包；威化饼干（×2）；马克杯；蜜粉定妆粉；艾格尼斯 B 雕刻家镜片；三善速效粉；化妆刷（×6）；兰蔻明星古铜修容粉和包装；雅诗兰黛腮红；粉扑；索尼娅·里基尔摩丝眼影和包装；魅可唇彩；芭比·布朗胭脂；眼线笔；YSL 睫毛膏和包装；YSL 眼影和包装；香奈儿眼影（×2）；刷子和盖子；（翻开的）帕特里克·德马舍利耶所著的《迪奥时装》；美卡芬艾粉底；德里范脸部和身体油彩；刷子（×2）；黑色丙烯颜料；香水：资深堂红色玫瑰和盒子、让·保罗·高缇耶脆弱与经典（×2）、无标签、娇兰花草水语淡香水、爱斯卡达触电女士香水、古驰嫉妒女士香水、蔻依和维维安·韦斯特伍德密室香水；带框的艺术品（由薇薇安创作）

第二排： 印有青蛙图案的女士紧身连衣裤和中国结项链；粉色豹纹女士紧身连衣裤；金色虎纹女士紧身连衣裤；斑马纹女士紧身连衣裤；皮草护腿；发刷；人体模型和蓬蓬裙；带框的艺术品、信件和塔兰托毒蛛皮（从前的宠物）；假发滑油雾；假发（×6）；粉色的帽子；明信片；克里斯蒂安·鲁布托和菲利普·加西亚所著的《克里斯蒂安·鲁布托》；黑色和白色的羽毛围巾；带有鸟巢（由薇薇安设计制作）的帽子；毛绒小鳄鱼玩具；带有可发动旋转羽翼的帽子（由薇薇安设计制作）

第三排： 月蝙蝠皮草女用披肩；纪梵希皮草女用披肩；水牛高跟运动鞋；20471120 镶皮草高跟鞋；格尔斯塔踝带高跟鞋；羽毛围巾（×2）；蓝色和绿色的帽子

薇薇安

69 岁 ｜ 艺术家和变装皇后 ｜ 东京

"这就是我，
但我
又不在那里。"

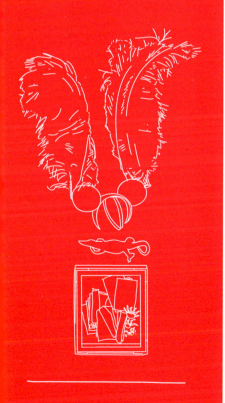

在薇薇安的物件抵达后，她本人也到达了我在表参道的工作室。她是个艺术家、电影评论家和演员，也是许多人眼中东京独一无二的"文化看门人"。她已记不清自己是如何成为一名变装皇后的。

薇薇安没有意识到我将如何处置她所触碰的物件，她已习惯了摄影师们恳求拍摄她的衣柜，这也能解释她对服饰和化妆品的重视。当她走进来，看到帆布上的一切时，不禁惊叫起来："这就是我，但我又不在那里……这是概念艺术。这是我的皮囊。"

薇薇安亲自制作她所有的装束，她从《迪奥时装》和《克里斯蒂安·鲁布托》之类的书中找寻灵感。她常常会花上几个小时完善人体模型上的装束，之后才会自己试穿。她声称她将大部分的准备时间都花在化妆上，化妆也是她最为享受的事。那天晚些时候，她这么对我说："没有化妆品，我只是一个男人。就算有了化妆品，我还是一个男人。有些人认为化妆是隐藏自我，他们错了……对我而言，我每涂上一层颜色，就觉得脱去了一层皮囊，直到最后，那个热情、光亮、真实的我才会出现。"这里，她在我的帆布上，真实而光亮。

引人注目的物件

带有可发动旋转羽翼的黑色修长帽子（在她的毛绒小鳄鱼玩具之下）：这是薇薇安的艺术品，由她饲养的塔兰托毒蛛皮制作而成。

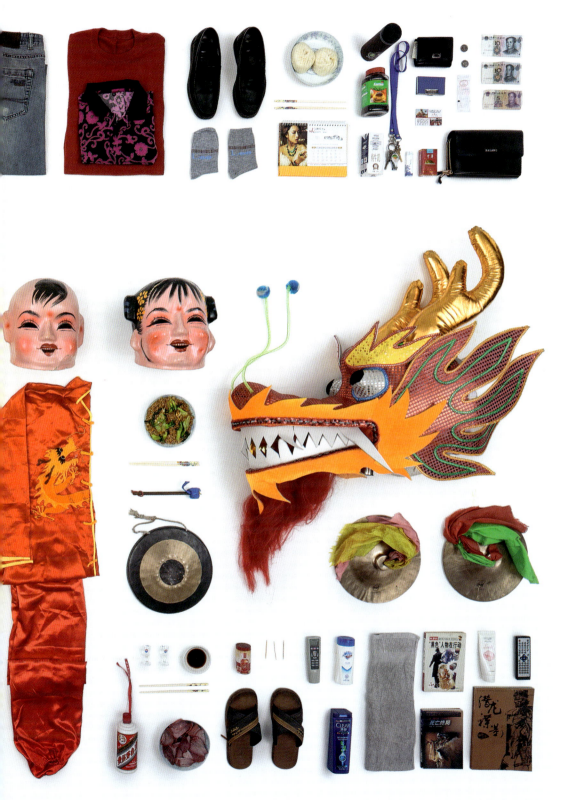

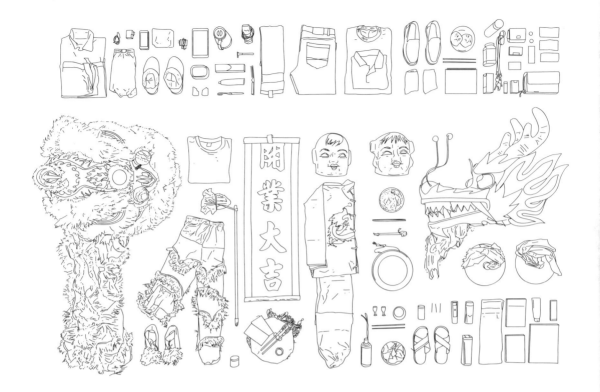

王俊于 2015 年 3 月 2 日（周一）所触碰过的物件

第一排： 睡衣和睡裤；通串线电缆；通串线插头；平角内裤；联想 A390 手机；厕纸；平板电脑电缆和插头；拖鞋；三星银河 4 平板电脑；肥皂缸；肥皂片；金属水壶；中华健齿清爽薄荷牙膏和牙膏盒；牙刷；松下 ES–RC60 电动剃须刀；吉列可复用剃须刀；折叠梳子；毛巾；流行牛仔裤；红色羊毛针织套衫和马球衫；鞋子；李维斯袜子；装有早餐包子（×2）的碗；筷子；日历；保暖茶杯；茶罐；蒙牛特级牛奶；系有丝带的钥匙圈；皮制钱包；金属名片夹；名片；打火机；中华牌香烟；2 元人民币现金；出租车收据；25 元人民币现金；男士公文包

第二排： 狮头；舞狮装束，包括 T 恤衫、裤子和鞋子；系在杆子上的生菜，用于舞狮表演；红色颜料；带轴横幅："生意兴隆"；毛毡架子，其上放有"大吉大利"和"万事如意"的信封、毛笔、笔座和油漆罐（都是舞狮表演的一部分）；男性和女性的佛头；用于舞龙表演的丝衬衫和裤子；装有米饭和蔬菜的碗；筷子；锣锤；锣；龙头；系有彩色丝带的铙钹（×2）；贵州茅台米酒；小酒杯（×2）；装有醋的碗；筷子；装有猪肉片的碗；牙签（×3）和包装；塑料凉鞋；海尔空调遥控器；舒肤佳沐浴露；清扬薄荷醇男士洗发水；毛巾；《黑色行动》；阿加莎·克里斯蒂所著的《死亡终局》；托波绵羊油护手霜；电视遥控器；新川洋司所著的《合金装备原画集》

王

50 岁 | 舞狮、舞龙表演者 | 上海

"我被这个世界引诱了。
我曾有一份
无聊的工作，
工作地点在存储这些
道具的仓库旁。
那便是我如何
深陷其中的原因。"

王是上海新南洋舞狮队的领队，他在世界各地的庆典上演出，出演最多的地方是阿拉伯联合酋长国。"舞狮表演需要两个人，我通常在前头，就是那个竹制和纸糊的头里面。我会跟随着铙钹和锣的声响，让狮子醒来和睁眼。舞狮的动作是植根于武术中的。"

王的演出充满了象征意义。"狮子必须抓到挂在杆子上的生菜，将它吞下，再吐到观众中，这象征扩散福祉。"大的人头代表了菩萨，菩萨负责挑逗和驯服狮子。红色的信封象征举办活动的商人会交到好运。

"我的工作物件代表了中国，而我的日常物件是那些简单的必需品：牙刷、食物、衣服……我的电脑和手机代表了我如何去交流，这两样对我而言是最为情感化的物件。"

王在睡前会喝一杯顾客送的米酒，读阿加莎·克里斯蒂的小说和《合金装备原画集》，以此来放松自己，而他的电视机就像背景音乐一样低声吟唱。

引人注目的物件
中华牌香烟，被视为"国烟"：王不抽烟，但在社交和商务场合递给对方香烟是友好的表现，可用来发起话题。
带轴的横幅，其上写有"生意兴隆"的字样：这在表演结束会从狮子的嘴里吐出。王有一堆横幅，他会根据不同的场合选择相应的横幅。

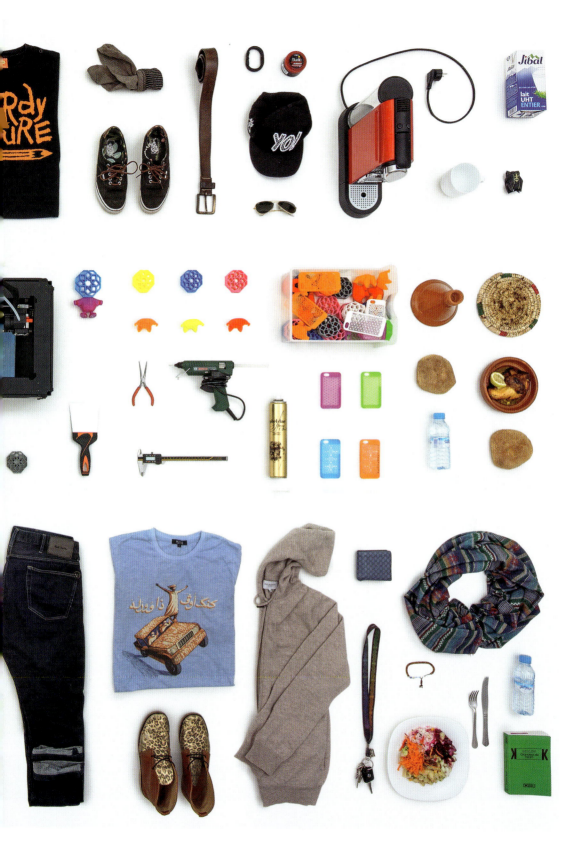

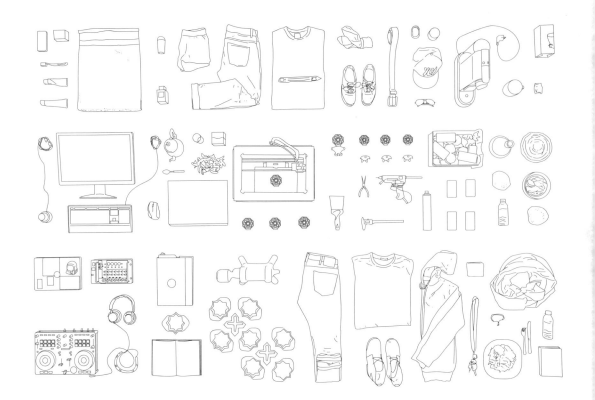

尤尼斯·迪雷于 2015 年 4 月 24 日（周五）所触碰的物件

第一排： iPhone6 手机；多芬香皂；牙刷；高露洁全效牙膏；迪奥男士保养系列洁面啫喱；毛巾；妮维雅男性无形抗汗剂；杰尼亚西西里柑橘男士香氛；霍姆内裤；飒拉男士牛仔裤；精密科学"天然呆"T 恤衫；袜子；范斯运动鞋；腰带；健身腕带；欧莱雅工作室定型发蜡；唷！帽子；雷朋太阳眼镜；雀巢咖啡机；咖啡杯；吉宝 UHT 牛奶；芮斯崔朵 10 粒装咖啡胶囊

第二排： 3D 连接空间探测器；LG 未来窗 W2234S 显示器；罗技键盘和无绳鼠标；茶壶；勺子；玻璃杯；苏丹安巴尔谷物绿茶；薄荷；素描；马克尔伯特复制 2 3D 打印机；泽里人头（×7）；泽里人（由尤尼斯设计）；剃毛刀；泽里人身体（×3）；钳子；博世 PKP 18E 喷胶枪；电子双脚规；装有泽里人和苹果手机壳的箱子；雅蝶喷发胶；iPhone 手机壳（由尤尼斯设计）（×4）；摩洛哥陶锅盖；面包（×2）；西迪·阿里天然矿泉水；藤制餐具垫；装有鸡肉和柠檬的摩洛哥陶锅

第三排： 苹果笔记本电脑；雅马哈扩音混音器；威士达 VCI–380 DJ 控制器；邦 & 奥卢夫森耳机；埃里克·布罗格所著的《伊斯兰几何设计》；泽里食品容器（由尤尼斯设计）（×10）；（翻开的）埃里克·布罗格所著的《伊斯兰几何图案》；卡梅利（尤尼斯设计得装饰物件）；保罗·史密斯牛仔裤；断丝 T 恤衫；鞋子；埃里克·邦帕尔开襟毛衣；古驰手表；系在圆形编织钥匙链上的钥匙；束发网；手镯；装有沙拉的盘子；叉子和刀；西迪·阿里天然矿泉水；加斯顿·维特所著的《伊斯兰的伟大》

尤尼斯

38 岁；工业设计师；马拉喀什

"人们错误地认为
一个摩洛哥设计师
就是一个
'少数民族设计师'。
我不是少数民族裔，
我的文化便是如此。"

尤尼斯的 T 恤衫上写着"天然呆"。"我就是那样的。"他边将 T 恤衫递给我，边骄傲地说，"我是个产品设计师，我爱混制音乐，我爱技术。我一天中大多数时间都是在工作室度过的，不是在电脑上工作，就是操作 3D 打印机或是摆弄唱机。"

尤尼斯的工作室就在自己家中。他的家是位于帕尔美利亚区的一座利亚德（中间带庭院的摩洛哥式豪华建筑）。在那里，他和妹妹米娅一起工作和生活。米娅负责尤尼斯·迪雷设计的商业运营。他俩有着一半摩洛哥血统、一半法国血统，工作常常会让他们周旋于北非、欧洲和伊斯兰的文化中。

尤尼斯抓起他设计的粉色骆驼。我告诉他这个骆驼使我联想到埃罗·阿尼奥为马吉斯设计的幼年狗。"对，你说得没错。"尤尼斯说，"但我没有照搬照抄。我故意让这骆驼看起来像那条狗。这是骆驼版本的狗。在阿拉伯的传统中，狗是住在屋子外头的。这里的人们和狗的关系不密切。狗是用来守卫地盘的，我们从来不让狗进屋子。对我们而言，我们文明中最好的朋友是骆驼，于是我将骆驼设计成这样，以现实我们的文化是不同的，而这并不总能让人理解。"

谈到了他所设计的骆驼的象征意义后，我们又谈起了文化和传承。有一件事之后一直在我脑海里徘徊：伊斯兰世界里的设计师没有对未来的概念。他解释说："我们从没想过投射自我——没有开始，也没有结束。"

引人注目的物件:
泽里人：这样的伊斯兰图案在 1400 年来都代表了这个文化的社会架构。"女人是母权的圆圈，是这个图案的起点，而男人是支撑这个社会体系的线条。"

ACKNOWLEDGEMENTS 致谢

我要感谢出现在本书中的所有人，感谢你们对我的信任，感谢你们坦诚、诚实和热情地分享你们生活中的一天。感谢你们首先答应了我，感谢你们为此付出的所有精力：记录下你们触碰过的所有物件，将它们打包，来到工作室，让我们占用你们的时间。我还要感谢书中孩子们的父母，谢谢你们让孩子参与到本书的项目中。

这次经历从头至尾都有人陪伴我左右——制作本书的是一个出色的团队：迈克·韦伯斯特、克拉丽莎·马丁内斯、杰克·穆雷、乔希·沃瑟曼，以及罗拉和桑托·祖科蒂－韦伯斯特。我向他们表示最诚挚的感谢，还要感谢其他每一个使这本书得以问世的人。

迈克，感谢你使这一切成为可能，感谢你总是给予我力量、信心和权利。没有你的帮助，我不会去做这件事。不同你交流，我无法表达我的许多想法。

克拉丽莎，感谢你对制作本书提供的帮助，感谢你成为我记录的第一个人，并在这场征途中坚守到最后。没有你的支持和热情，我可能根本不会开始这个项目；你的付出、洞见和陪伴增添了这个项目的乐趣——它在多数时间是有趣的。

杰克，感谢你将你在伦敦的摄影工作室借给我用，也感谢你用精湛的技艺拍摄了前几张照片。你是教会我灯光、调焦和项目所需的一切技术的大师。也感谢你带给我尝试这一切的乐趣。

乔希，你参与到录制本书的制作过程后，这个项目有了新的深度，谢谢你。当时，我们十分期待制作一个小视频，而你放下了手头的一切，参与到我们的书友会中。

罗拉和桑托，谢谢你们跟随我前往日本东京、美国和马拉喀什。你俩是我最大的支持者，帮助我摆放物件，用你们的好奇心感染每一个人，向老师和朋友们骄傲地讲述你们制作本书的经历。

还要感谢两位把这个项目变成一本书的人：南森·赫尔和本·布鲁塞。感谢你俩的信任——本，谢谢你的热情。感谢我的编辑乔以·里基特，你的话一针见血。感谢我的文字编辑莱斯利·列文，谢谢你对细节的专注。感谢设计师艾莉森·奥图尔，谢谢你制作书的每一页。我还要感谢企鹅出版社团队的其他成员，谢谢你们一路上给予我的帮助。

还要感谢世界各地所有摄影工作室的员工，你们的空间都被我们的物件占用了。感谢在具体环节提供帮助的人：阿莱·艾斯勒、迪恩·马什、杰克·诺克斯、米歇尔·卡斯和普里姆·巴勃罗。感谢那些介绍我认识出现在本书中一些人物的朋友：法拉、弗洛伦斯、海莉、海伦、赫尔迈厄尼、肯德尔、直子和塔凯。

除了和本书制作有关的人外，我还要感谢理查德·西摩，他是我智慧和灵感的一大源泉；艾德里安，感谢所有你拿着大便笺簿，坐下与我交谈的时间；迪克·鲍威尔，谢谢你这么多年来的支持。我还要感谢在西蒙鲍威尔每一个和我合作运营项目和在世界各地出差的前同事。

我要感谢我的客户，特别是"TheOverworld"的客户。你们给了我了不起的项目概要，你们提出的问题十分有深度，使我得以进一步扩大我的观察范围：印第·萨哈、科斯塔斯·西尔摩斯、克里斯托·阿帕托格罗、达瑞尔·皮耶伯、詹姆斯·米尔恩和夏洛特·阿普尔亚德。我还要感谢所有参与到主世界各个项目中的人。

感谢陪伴我这次征程的家人和朋友。爸爸妈妈，谢谢你们教会我这么多。艾伦和克里斯汀，谢谢你们的支持。

最后，但同样重要的是，感谢所有这么跟我说的人，"真是个了不起的主意"——追随了这个念头，你能走这么远，真令人吃惊。

图书在版编目（CIP）数据

我们所触碰的一切 /（阿根廷）保拉·祖科蒂著；
杨泱译 . — 北京：北京联合出版公司，2016.9
ISBN 978-7-5502-8659-7

Ⅰ . ①我… Ⅱ . ①保… ②杨… Ⅲ . ①生活方式 – 通
俗读物 Ⅳ . ① C913.3-49

中国版本图书馆 CIP 数据核字 (2016) 第 232811 号

Every Thing We Touch
Photographs and text copyright © Paula Zuccotti, 2015
Illustrations by Barry Patenaude and Alison O'Toole
First published 2015
First published in Great Britain in the English language by Penguin Books Ltd.
封底凡无企鹅防伪标识者均属未经授权之非法版本

我们所触碰的一切

作　　者：（阿根廷）保拉·祖科蒂
译　　者：杨　泱
责任编辑：牛炜征
产品经理：周乔蒙
特约编辑：杨　旸
版权支持：张　婧

北京联合出版公司出版
（北京市西城区德外大街 83 号楼 9 层　　100088）
北京联合天畅发行公司发行
北京山华苑印刷有限责任公司印刷　新华书店经销
字数：210 千字　　710mm×1000mm　1/16　印张：16
2016 年 11 月第 1 版　2016 年 11 月第 1 次印刷
ISBN　978-7-5502-8659-7
定价：88.00 元